Johannes Rockermeier (Übersetzer)

Prof. Seyfried:
Krebs als Erkrankung des Stoffwechsels.

Über die Ursache, Behandlung und Prävention von Krebs.

(Übersetzte Transkripte)

Mit einer Übersicht der Press-Pulse Stoffwechseltherapie von Dr. Dominic D'Agostino

INHALTSVERZEICHNIS

Dr. Thomas Seyfried:
Krebs als Erkrankung des Stoffwechsels

Vielen Dank, dass ich von CrossFit zu dieser Veranstaltung eingeladen wurde. Ich möchte mich ganz besonders bei Greg Glassman dafür bedanken, dass er unsere Sache unterstützt. Außerdem bedanke ich mich auch bei seinem Vater Jeff dafür, dass er uns so viele konstruktive Fragen zu diesem Thema gestellt hat, um zu überprüfen, ob unsere Theorien auch richtig sind.

Es ist wichtig, dass die Leute sich ernsthaft mit dem Thema auseinandersetzen und Fragen äußern, wenn etwas unklar ist - denn nur so können wir diese Dinge auch für den Laien verständlich erklären.

Ich möchte anfangs auch klarstellen, dass ich keinerlei finanzielle Verbindungen zu Unternehmen habe, meine Forschung ist also völlig unabhängig.

Na gut, dann fangen wir mal an. Als erstes möchte ich euch einmal zeigen, wie es um den aktuellen Stand der Krebsforschung steht. Machen wir Fortschritte bei dieser Krankheit? Ich werde anfangs noch allgemein über Krebs sprechen und dann auf spezielle Formen von Krebs eingehen, vor allem auf Glioblastome. Glioblastome sind ein gutes Beispiel um unseren neuartigen Ansatz der Krebsbehandlung zu illustrieren, da in diesem Bereich schon viel geforscht wurde.

Also, hier haben wir die Zahlen der US-Amerikanischen Krebserkrankungen. Diese Daten habe ich von der *American Cancer Society*, welche jedes Jahr die neuesten Fallzahlen veröffentlicht. In dieser Tabelle sehen wir die Neuerkrankungen und die Todesfälle... und ich kann euch gleich mal sagen: Dieser "Krieg gegen den Krebs" den die Mediziner und Wissenschaftler angestrengt betreiben, läuft nicht gerade gut.

Hier die Fälle der letzten 5 Jahre:

Krebsstatistik in den USA von 2013-2017

Jahr	Neue Fälle	Todesfälle/Jahr	Todesfälle/Tag
2013	1,660,290	580,350	1,590
2014	1,658,370	585,720	1,605
2015	1,658,370	589,430	1,615
2016	1,685,210	595,690	1,632
2017	1,688,780	600,920	1,646
%Steigerung	1,7%	3,4%	3,4%

Der Zeitraum ist von 2013 bis inklusive 2017 - und wie ein jeder sofort erkennen kann, wird man von diesen horrenden Zahlen schnell auf den Boden der Tatsachen zurückgebracht. Wenn man die Todesfälle pro Jahr durch 365 teilt, kommt man auf die Todesfälle pro Tag. Beachten sie auch, dass die Steigerungsrate bei den Todesfällen höher ist, als die Anzahl der Neuerkrankungen. Das sind überhaupt keine guten Nachrichten, würde ich mal sagen. Es sterben über 1600 Menschen an Krebs in den Vereinigten Staaten - pro Tag!

Ja, zugegeben: Wir hatten in dem gleichen Zeitraum auch einen Wachstum der Bevölkerung selbst. Der war aber nur 3,4% und somit immer noch niedriger als die Wachstumsrate der Todesfälle.

Nun, wie sieht es aus mit unserem "Krieg gegen den Krebs"? Naja, es kann sich ja jeder selbst die Zahlen ansehen und sich eine Meinung bilden. Von diesen astronomischen Zahlen ist im Fernsehen nie die Rede, oder? Da sieht man höchstens Werbung für die allerneuesten Krebsmittel, wie Opdivo oder Keytruda oder sowas. Aber keiner erzählt einem in den Nachrichten, dass die Todesfälle von Jahr zu Jahr zunehmen.

Wir müssen uns also ernsthaft fragen: Was läuft denn hier falsch? Da stimmt doch was nicht! Das sind doch eindeutig keine Erfolgsmeldungen, oder? Nein, das ist meiner Meinung nach ein Scheitern auf ganzer Linie, das ist ein Versagen monumentalen Ausmaßes. Das sind nicht nur ein paar Fälle, das sind einen Haufen Leute, die täglich und jährlich wegen Krebs sterben müssen. In China haben sie bereits jetzt

8ooo Tote täglich. Dort hat der Krebs Herz-Kreislauferkrankungen als Todesursache bereits hinter sich gelassen!

Jede Organisation bemüht sich darum, viel Geld für die Krebsforschung aufzutreiben. Auch ihr Leute von CrossFit, auch ihr organisiert ja wohltätige Veranstaltungen. Dann wird im Namen der Krebsforschung ordentlich geschwitzt, gestemmt und was weiß ich noch was. "CrossFit setzt sich gegen Krebs ein".

Da fragt aber keiner: Wieviel von den Spendengeldern wird tatsächlich für sinnvolle Krebsforschung verwendet? Oder, um es anders auszudrücken: Welche Art von Forschung wird denn mit diesem ganzen Geld überhaupt betrieben

Nicht nur Privatleute, auch die Bundesregierung investiert Millionen von Dollar in die Krebsforschung. Alle sammeln Geld für den guten Zweck und werfen sich in die Brust "Wir halten alle zusammen - gegen den Krebs!"

Aber so wie's aussieht bringt das alles nichts. Denn je mehr Geld wir der Krebsforschung zukommen lassen, umso mehr Krebsfälle kriegen wir. Mehr, nicht weniger! Also, noch einmal die Frage: Was läuft hier falsch? Was ist die Erklärung dafür, dass wir beim Thema Krebs überhaupt keinen Fortschritt machen?

Meine Meinung dazu ist folgende:

**Es hat damit zu tun, dass wir diese Krankheit
völlig missverstanden haben.**

Nicht nur, was eigentlich Krebs ist - sondern auch,
was der Ursprung der Krankheit ist.

In den vergangenen Jahren und Jahrzehnen haben wir uns den Standpunkt einreden lassen, dass Krebs eine genetische Krankheit wäre. Ich werde euch aber heute Beweise präsentieren, die belegen, dass dies nicht stimmt!

Das hier ist eine einfache Zeichnung einer Zelle. Darauf sehen wir den Nukleus [den Zellkern] und ein Mitochondrium [das Kraftwerk der Zelle]. Diese Zelle wird von der Zellmembran umhüllt:

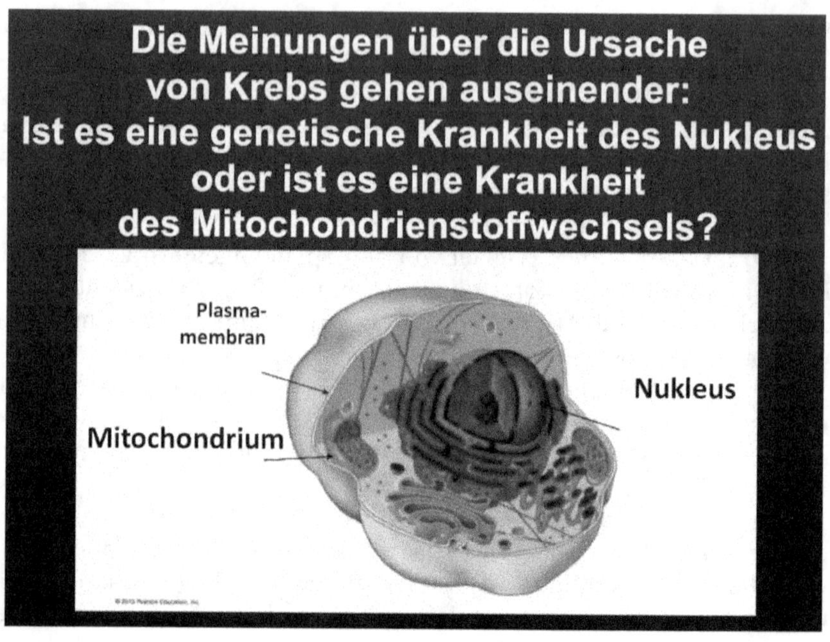

Dem aktuellen Stand der Forschung nach haben wir es bei Krebs mit Mutationen zu tun, die den Nukleus betreffen. Es finden sich also Mutationen im Zellkern. Wir wissen aber auch, dass die Zellkraftwerke, die Mitochondrien, mutierte Gene haben. Im weiteren Verlauf dieses Vortrags werde ich euch zeigen, dass der Ursprung dieser Krankheit in den mutierten Mitochondrien liegt, nicht im mutierten Nukleus.

Der Ursprung liegt im Mitochondrium - somit wird die Krankheit nicht von mutierten Genen ausgelöst, die im Zellkern liegen würden. Die Mutationen, die wir im Nukleus beobachten können, sind die Folge von reaktiven Sauerstoffspezies [*reactive oxygen species* ROS] die aber erst in den Mitochondrien produziert werden!

Das gesamte Feld der Krebsforschung hat sich die letzten 6 oder 7 Jahrzehnte damit beschäftigt der falschen Spur der Zellkernmutationen nachzugehen. Das war alles umsonst und hat vom wahren Kern der Sache nur abgelenkt! Das ist der Grund dafür, warum wir tagtäglich 1600 Todesfälle zu beklagen haben.

Die Formulierung, besser gesagt das Dogma in der Krebsforschung lautet: ***Krebs ist eine genetische Krankheit.*** Krebs resultiert aus Veränderungen an dem Genmaterial des Nukleus und ist genetisch festgelegt.

Diese Festlegung, 'Krebs ist eine genetische Krankheit', wurde unter anderem in diesem extrem einflussreichen Paper verankert:

Dieses Paper, diese Studie wurde von Hanahan und Weinberg erstellt: *Hallmarks of Cancer* [Kennzeichen/Haupteigenschaften von Krebs]. Diese Arbeit wird mittlerweile wieder und wieder von allen Forschern in diesem Bereich zitiert. Ihrer Meinung nach tragen Krebszellen die sogenannten Onkogene und Tumorsuppressorgene in sich, mit deren Mutationen dann der Krebs ausgelöst wird. Somit ist Krebs als Ganzes auch schlussfolglich eine genetische Krankheit.

Wir sind aber der Meinung, dass dieser ganze Ansatz ein Dogma ist! Warum? Naja, es wird immer so getan als wäre diese Sicht der Dinge eine Wahrheit, die nicht weiter hinterfragt werden darf. Dogmas werden nicht mehr angezweifelt, es steht praktisch in Stein gemeißelt da. Besser gesagt, es steht in Stein gemeißelt in jedem Lehrbuch, das sich mit Krebs beschäftigt: In jedem Biologiebuch, Biochemiebuch oder Lehrbuch der Zellbiologie steht bei Krebs geschrieben, dass Krebs eine genetische Krankheit wäre. Wenn ihr auf die Seite des NCI geht [*National Cancer Institute*] dann steht da natürlich auch: Krebs ist eine genetisch bedingte Krankheit.

Es gibt überhaupt keine Diskussion darüber, ob das denn auch der Wahrheit entspricht. Es herrscht der Standpunkt, dass Krebs nun einmal eine genetische Krankheit ist. Auch alle von euch, die vielleicht Medizin studiert haben, wissen das sicher noch: Krebs ist eine genetisch bedingte Krankheit. Das gleiche Liedchen wird auch in den Vorlesungen zur Zellbiologie gesungen: Krebs ist genetisch.

Mit der unaufhörlichen Wiederholung dieser "Wahrheit" wurden nun schon mehrere Generationen an Wissenschaftlern und Medizinern indoktriniert. Die sind natürlich auch alle der Meinung, dass Krebs eine genetische Krankheit wäre, das ist ja auch kein Wunder.

Auf diesem Leitgedanken baut nun die Theorie auf, dass Zellen Stück für Stück zu einer Krebszelle mutieren. Das ist die sogenannte *"somatische Mutationstheorie"*. Dieser Theorie nach läuft es so ab: "Naja, es treten willkürliche Mutationen in den Genen auf..."

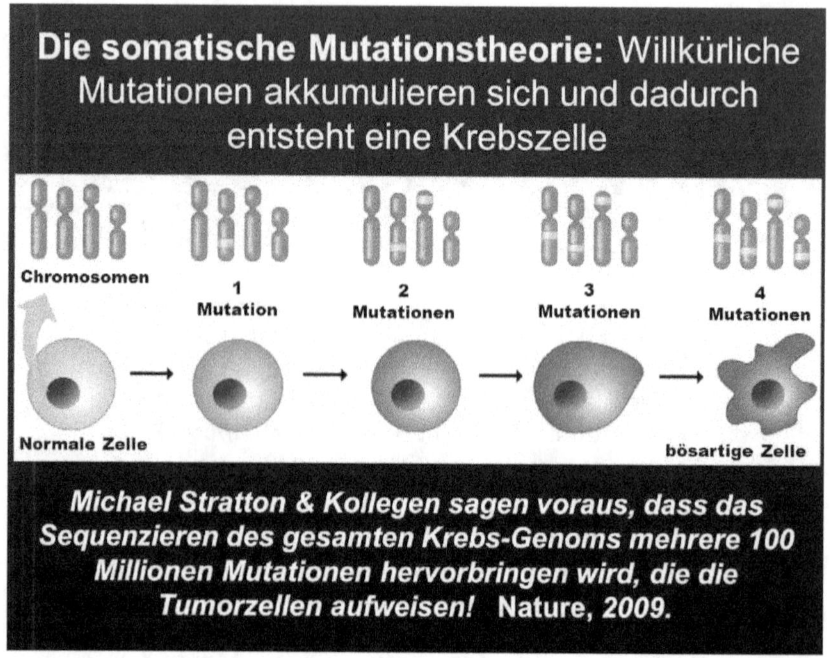

Willkürliche Mutationen, wohlgemerkt! "...und dann wird irgendwann mal eine normale Zelle zu einer dieser missgestalteten und krankhaften Zellen. Das geht ganz langsam und braucht mehrere Schritte..."

Also bitte, was soll das für eine Theorie sein! Bei dieser Theorie weiß keiner, wie viele Mutationen es denn jetzt genau braucht, damit aus einer normalen Zelle eine Krebszelle wird. Und sie erklärt auch nicht, wie sich dann aus dieser Zelle ein ganzer Tumor entwickeln kann. Wie viele Mutationsschritte sind denn nötig? Einer, zwei oder vier? Oder noch mehr?

Michael Stratton aus Großbritannien hat dazu mal gesagt "Naja, wir werden wohl um die 100 Millionen Gene finden. Die müssen wir mit Hilfe der Genanalyse erst einmal identifizieren, die Daten dazu wird uns das *Broad Institute* liefern [DNA-Sequenzierungsprojekt]. Und dann müssen wir uns mit den einzelnen Mutationen beschäftigen, die bei Krebs auftauchen. Von denen haben wir bereits mehrere Tausend entdeckt."

Mit diesem ganzen Analysewahn gehen natürlich auch die tollsten Bezeichnungen einher für all die gefundenen Gene und Vehikel, die sich im Krebs tummeln. Da gibt es die "drivers", die "passengers" und auch die "go-alongs" [vgl.: Fahrer, Passagiere und Mitfahrer]. Ja, auf diesem Gebiet geht es momentan hoch her. Vor allem, seitdem wir in der Lage sind die Gene, die DNS genau zu sequenzieren.

Aber was hat uns das Ganze bis jetzt gebracht? Inwiefern haben uns diese "Erkenntnisse" dabei geholfen, Krebs in den Griff zu kriegen? Das einzige, was aus dieser Haarspalterei der Gene herausgekommen ist, ist ein neuer Medizinzweig namens "personalisierter Therapie" oder auch "Präzisionsmedizin bei Krebs". All diese Therapiemethoden basieren darauf, dass Krebs eine genetische Krankheit wäre, bei der man die jeweiligen Mutationen behandeln müsse.

Das sieht dann folgendermaßen aus:

Hier haben wir eine Dame, die gerade ganz fasziniert ihren Bildschirm betrachtet. Was sieht sie sich da an? Auf dem Monitor sind die Informationen zu sehen, welche genetischen Daten ein Patient mit Brustkrebs hat. Es geht darum, ob vielleicht einige Gene doppelt vorhanden sind oder ob einige Gene auffällig sind, usw.

Diese Art von detaillierter Genanalyse soll dann als Grundlage genommen werden um auf den Patienten ganz spezifische Verfahrensmethoden anzupassen. Das ist zumindest die Theorie dahinter.

Was ich zu diesem Thema noch kurz sagen will: Damit man an diese Informationen kommt, muss man erst mal eine Nadelbiopsie durchführen.

Man nimmt also aus diesem Gewebe eine Probe, in diesem Beispiel handelt es sich um Brustkrebs. Der Doktor sticht mit der Nadel direkt in das Gewebe - das vielleicht schon entartet ist - und verursacht hier- mit eine negative Veränderung der Mikroumgebung. Das bedeutet, dass man die Patientin meiner Meinung nach unnötigerweise einem Risiko aussetzt, durch genau dieses Verfahren der Nadelbiopsie.

Was auch noch gegen solche Biopsien spricht ist, dass der Patient, bzw. seine Versicherung, für diese Information 7200 Dollar auf den Tisch legen muss. Mit dem tollen Ergebnis, dass man hinterher sagen kann "Aha, hier haben wir diese Gene und dort jene anderen..." nun ja, das wäre ja alles schön und gut, wenn dieses Verfahren auch nur den geringsten Vorteil bringen würde. Tut es aber nicht! Die Informationen aus einer solchen Diagnose sind völlig wertlos!

Trotzdem werden die Menschen mit dieser Gewebeentnahme wieder und wieder einem unnötigen Risiko ausgesetzt. Das Phänomen der negativen Veränderung des Gewebes nennt sich "entzündungserregende Onkotaxie" *[inflammatory oncotaxis]*. Dadurch, dass der Arzt sich die- ses Gewebe ansieht, verändert er es zugleich - ein 'Beobachtereffekt'. Naja, lassen wir dieses Thema lieber auf sich beruhen.

Kommen wir lieber zu den Beweisen, dass die somatische Mutationstheorie von Krebs nicht stimmt. Hier haben wir die Nikko-Affen aus Japan - und hier sehen wir auch was passiert, wenn jemand ein existierendes Dogma in Frage stellen will. Die Antwort aus der etablierten Glaubens-Gemeinde ist stets die gleiche:

Die wollen nichts davon sehen, nichts davon hören und schon gar nicht darüber reden!

Ich habe mir diese Affen sogar mal in echt angesehen als ich damals in Japan war. Letztendlich ist es so: Die, die an das Dogma glauben wollen sich nichts ansehen, was ihrem Dogma widersprechen könnte! Auf gar keinen Fall werden sie sich Dinge zu Gemüte führen, die ihre ganze Weltsicht zum Umsturz bringen könnten. Es ist auch völlig egal, ob dieses Dogma jetzt etwas mit Religion, mit Politik, mit Philosophie oder mit einem wissenschaftlichen Konzept zu tun hat.

Immer wenn einer auftritt, der Zweifel anmeldet, bekommt man die gleiche Antwort. Beziehungsweise keine Antwort ist ja auch eine Antwort. Bei Krebs wollen sie sich nicht mal die Daten und Fakten ansehen. Es ist nun einmal schwer, Dinge aus einem völlig anderen Blickwinkel zu betrachten, das kann ich auch nachvollziehen.

In meinem Buch habe ich in Kapitel 11 folgendes gemacht: Ich habe alle Informationen gesammelt, die die somatische Mutationstheorie untergraben. Aus diesen Informationen, aus dieser Studiensammlung habe ich dann auch ein Paper geschrieben und alle Stichpunkte und Updates zu diesen gegenteiligen Belegen zusammenfassend beschrieben:

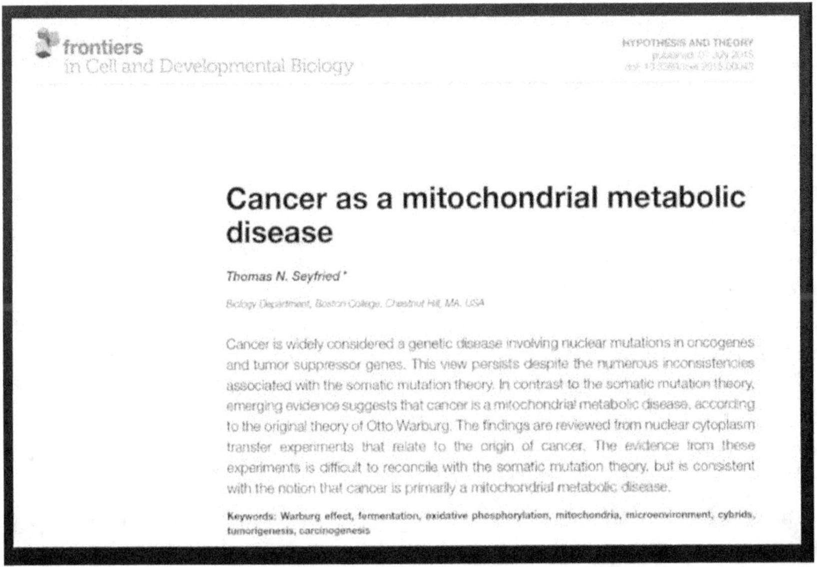

Cancer as a mitochondrial metabolic disease

Thomas N. Seyfried

Biology Department, Boston College, Chestnut Hill, MA, USA

Cancer is widely considered a genetic disease involving nuclear mutations in oncogenes and tumor suppressor genes. This view persists despite the numerous inconsistencies associated with the somatic mutation theory. In contrast to the somatic mutation theory, emerging evidence suggests that cancer is a mitochondrial metabolic disease, according to the original theory of Otto Warburg. The findings are reviewed from nuclear cytoplasm transfer experiments that relate to the origin of cancer. The evidence from these experiments is difficult to reconcile with the somatic mutation theory, but is consistent with the notion that cancer is primarily a mitochondrial metabolic disease.

Keywords: Warburg effect, fermentation, oxidative phosphorylation, mitochondria, microenvironment, cybrids, tumorigenesis, carcinogenesis

Ich habe lediglich verschiedene Studien und Artikel genommen, die Jahrelang ohne Verbindung miteinander durch die Fachliteratur geisterten. Diese habe ich dann in eine kohärente Sorte von Fachstudien überführt und all die Informationen dieser Paper noch einmal in einem neuen Licht betrachtet. Besser gesagt: Zuerst habe ich sie mir mit Hilfe des klassischen Ansatzes durchgesehen und dann mit Hilfe meines neuen Ansatzes, der vor allem die Mitochondrien in den Brennpunkt stellt.

Also, alle Studien an einen Ort und dann sehen wir uns die Daten an. "Welche Theorie stützt jetzt die Fakten besser: Die eine Hypothese oder die andere? Was ist wahrscheinlicher, was geben die Studien an Wissen her?"

Wenn man das mal gründlich durchzieht, kommt man zu folgendem Ergebnis: **die somatische Mutationstheorie von Krebs macht keinen großen Sinn.** Jedenfalls verglichen mit meiner Theorie, die besagt, dass Krebs von erkrankten Mitochondrien und deren funktionsuntüchtigen Stoffwechsel resultiert.

Hat nicht gestern Gary davon gesprochen, dass es immer wieder zu Problemen kommt, hinsichtlich der Reproduzierbarkeit von Forschungsergebnissen?

Hier haben wir genau den gegenteiligen Fall: All diese Arbeiten in meinem Überblicksartikel, all diese Experimente wurden von verschiedenen Wissenschaftlern durchgeführt, mit unterschiedlichen Arten von Krebs und nach einer anderen Vorgehensweise... dennoch sind alle zu einem ziemlich gleichen Ergebnis gekommen. Nämlich, dass die Er- gebnisse mit der somatischen Mutationstheorie nicht vereinbar sind. Dagegen sind diese verschiedenen Forschungsergebnisse durchaus mit der Theorie von Otto Warburg vereinbar, der schon sehr früh behaup- tete, dass Krebs die Folge eines gestörten Energiestoffwechsels sei.

Dann sehen wir uns mal einige dieser Experimente an. Achja, ich möchte zu diesen Studien noch etwas anmerken: Lasst euch bitte von keinem Dritten einreden, was ihr von diesen Studien halten sollt. Ihr seid intelligente Leute! Ihr könnt also diese Studien durchaus im Original lesen und euch dann eure eigene Meinung bilden! Einfach jemanden anderen zu fragen, "Hey, was sagst du zu diesem Paper? Findest du es gut oder nicht? (...) Ja stimmt, taugt wahrscheinlich nichts" - so kommt man nicht zu einer eigenen Meinung sondern plappert nur das nach, was die anderen denken.

Ihr werdet es nicht glauben, wie viele Leute ihre Informationen von zweiter oder sogar dritter Hand bekommen und das dann für bare Münze nehmen, anstatt selbst einfach das Originalmaterial in die Hand zu nehmen. Lest es einfach mal! Dann könnt ihr euch dafür oder dagegen entscheiden und selbst feststellen, ob es etwas taugt.

Macht es wie Dr. Glassman: Haut mir 1000 Fragen um die Ohren und ich werde mich bemühen, die alle zufriedenstellend zu beantworten. Kein Problem.

Gut, also sehen wir uns diese Studien im Detail an:

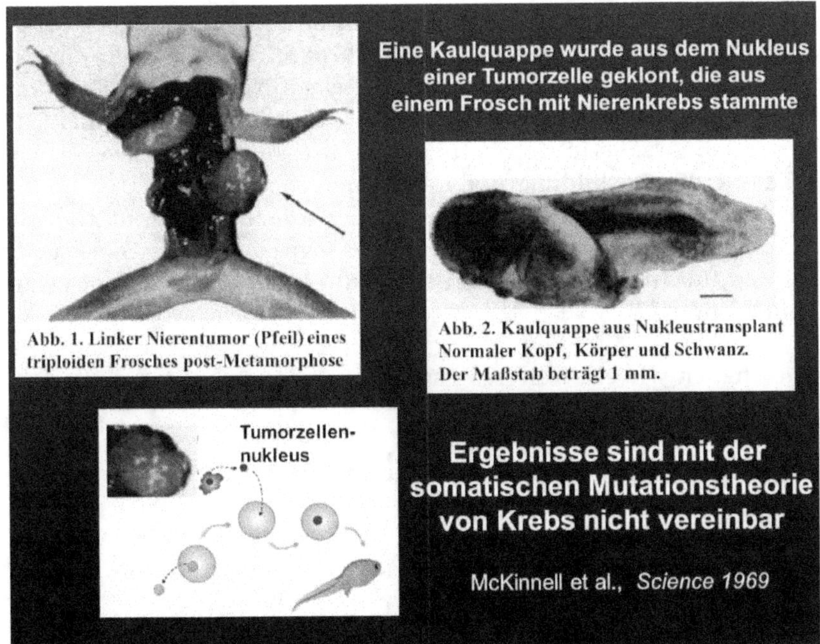

Abb. 1. Linker Nierentumor (Pfeil) eines triploiden Frosches post-Metamorphose

Abb. 2. Kaulquappe aus Nukleustransplant Normaler Kopf, Körper und Schwanz. Der Maßstab beträgt 1 mm.

Diese Studie wurde von McKinnell und Kollegen damals in *Science* veröffentlicht, das war schon 1969. Ich hatte die Ehre mit Dr. McKinnel persönlich zu reden bevor er vor einigen Jahren verstarb. Wir haben die Ergebnisse dieser Arbeit dabei ausführlich besprochen.

Also, dieser Frosch hat einen sehr großen Tumor im Bereich der Nieren. Nierenkrebs tötet Frösche sehr schnell, eine sehr aggressive Krebsform. Dr. McKinnell und seine Leute haben dann folgendes getan: Sie haben einzelne Tumorzellen aus diesem Tumor isoliert und haben dann aus diesen Tumorzellen den Zellkern, den Nukleus entnommen. Diesen Nukleus haben sie dann in ein bereits befruchtetes Ei eingesetzt und mit diesem Nukleus den ursprünglichen Nukleus ersetzt. Der alte Nukleus wurde somit entfernt.

Nochmal: Wir nehmen den Nukleus aus der Tumorzelle (welcher ja die ganzen Onkogene und Tumorsuppressorgene haben soll) und stecken ihn in diese neue Zellumgebung, in das Zytoplasma des Eis. Das Zytoplasma des Eis hat ein normales, gesundes Mitochondrium.

Was wurde dann aus diesem Ei? Nun, aus diesem Ei mit dem Tumor-Nukleus wuchs eine Kaulquappe - und diese Kaulquappe zeigte auf Zellebene keinerlei Zeichen von Krebs oder von dysreguliertem Zellwachstum. Nichts, keine Anzeichen der Eigenschaften, die Krebs normalerweise aufweisen sollte. Und Dr. McKinnel und seine Mitarbeiter haben wirklich ganz genau nachgesehen, was in dieser Kaulquappe vor sich geht. Alles an diesem Tier war völlig normal.

Es trat aber dann ein anderes Problem auf: Die Kaulquappe konnte sich nicht weiter zu einem ausgewachsenen Frisch entwickeln. Das heißt, dass irgendetwas in dem transferierten Nukleus nicht stimmte, das die weitere Ausbildung verhinderte. Die Mutationen die der Nukleus der Tumorzelle in sich hatte haben also keinen Krebs verursacht, aber dafür die Ausbildung der Kaulquappe unterbunden.

Insgesamt sind diese Ergebnisse mit der somatischen Mutationstheorie von Krebs **unvereinbar!** Denn diese sagt ja, dass die Gene für das Auftreten, für den Phänotyp von dysreguliertem Zellwachstum verantwortlich wären.

Hier haben wir ein weiteres Paper:

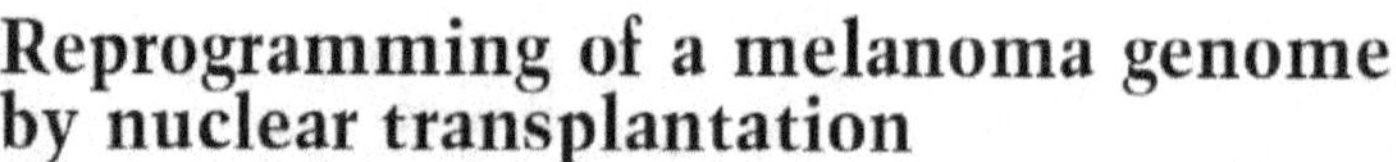

Reprogramming of a melanoma genome by nuclear transplantation

Konrad Hochedlinger,[1,4] Robert Blelloch,[1,2,4] Cameron Brennan,[3] Yasuhiro Yamada,[1] Minjung Kim,[3] Lynda Chin,[3,5] and Rudolf Jaenisch[1,6]

[1]Whitehead Institute for Biomedical Research, and Department of Biology, Massachusetts Institute of Technology, Cambridge, Massachusetts 02142, USA; [2]Department of Pathology, Brigham and Women's Hospital, Boston, Massachusetts 02115, USA; [3]Department of Medical Oncology, Dana-Farber Cancer Institute, Department of Dermatology, Harvard Medical School, Boston, Massachusetts 02115, USA

Keine Sorge, ich werde euch nur ein paar dieser Studien vorstellen. In meinem Paper habe ich noch viel mehr dieser widersprechenden Forschungsergebnisse drin, da könnte ich ohne Probleme zwei Tage lang am Stück schwadronieren.

Diese Studie wurde damals von Rudy Jeanich und seinen Kollegen am MIT durchgeführt. Rudolf ist einer der herausragendsten Entwicklungsbiologen die wir haben! Bei diesem Experiment hat er krankhafte Melanomzellen [Hautkrebs] aus Mäusen genommen, hat sich die Mutationen dieser Krebszellen ganz genau angesehen und die Mutationen analysiert. Die Mutationen, die innerhalb des Nukleus, des Zellkerns waren. Dann hat er diesen Nukleus extrahiert und in Verbindung mit embryonalen Stammzellen Mäuse geklont.

Diese neu geklonten Mäuse hatten haargenau das gleiche Erbmaterial wie der Nukleus der Melanomzelle. Hier schreibt er: "Wir konnten die exakt gleichen genetischen Abweichungen in den embryonisch geklonten Mäusen beobachten, wie sie auch in den Tumornuklei vorhanden waren. Diese Übereinstimmung ist ein eindeutiger genetischer Beweis dafür, dass die Mäuse aus diesen Tumorzellkernen geklont wurden."

Aber: Diese neuen, geklonte Mäuse wiesen keinerlei entartetes Zellwachstum auf, wie es für Krebs charakteristisch wäre. Somit widerspricht auch dieses Experiment auf eindrückliche Weise der somatischen Mutationstheorie von Krebs. Die Ergebnisse sind mit dem Dogma **unvereinbar!**

Eine andere Art von Experiment wurde von Dr. Wong und ihren Mitarbeitern am *Baylor College of Medicine* durchgeführt. Sie haben statt dem Zellkern das Mitochondrium ausgetauscht und von der einen zu einer anderen Zelle transferiert. Solche Experimente sind sehr viel komplizierter in ihrem Aufbau, als die bisher erwähnten Nukleustransferexperimente.

Sie haben also aggressiven, krankhaften Brustkrebszellen das Mitochondrium dem Zellplasma entnommen und stattdessen gesunde Mitochondrien aus normalen Zellen eingesetzt. Mitochondrien, die nicht aus Krebszellen stammten. Was war das Ergebnis? Die Onkogene und das krankhafte Wachstum der Zellen wurde unterbunden!

Analog dazu haben sie die Mitochondrien dieser Brustkrebszellen genommen und sie in Zellen eingesetzt, die extrem langsames Krebswachstum aufwiesen. Was passierte? Nach diesem Transfer der Mitochondrien haben die Zellen plötzlich angefangen, wie verrückt zu wachsen und Zellteilung zu betreiben! Was zeigt uns diese Reihe von Experimenten ganz eindeutig? Nun ja, ich würde sagen:

Die Mitochondrien geben bei Krebs den Ton an,
nicht der Zellkern!

Die Mutationen in den Mitochondrien und **nicht** diejenigen im
Nukleus!

Um diese Ergebnisse dieser Nukleus-/Mitochondrien- Tauschexperimente optisch ansprechend zusammenfassen haben wir dieses einfach verständliche Diagramm erstellt, das sich momentan im Internet zusehends verbreitet:

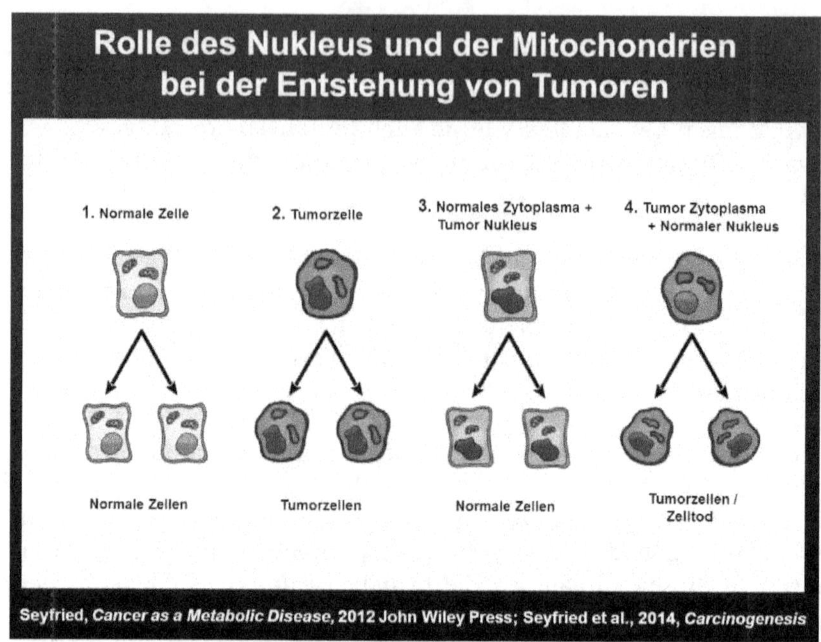

Hier sehen wir links: Normale Zellen, in grün, erzeugen normale Zellen. Diese Zelle haben ein normales Erbgut und eine normale Zellatmung [Respiration]. Die roten Zellen rechts davon sind Tumorzellen. Tumorzellen erzeugen Tumorzellen. Aus einer Tumorzellen entstehen ausschließlich Tumorzellen. Diese Zellen haben sowohl genetische Defekte im Zellkern als auch Defekte im Mitochondrium.

Nun stellt sich die alles entscheidende Frage: Rührt Krebs von den Defekten im Zellkern oder von den Defekten in den Mitochondrien? Nun ja, die Transferexperimente die ich vorgestellt habe belegen eindeutig:

- Wenn man den roten, den krankhaften Nukleus nimmt und ihn in das grüne, das gesunde Zellplasma bringt - dann kommen dabei normale Zellen heraus. Zellen mit normalen Eigenschaften, die normal wachsen und normale Gewebe formen. Manchmal sogar ganze Organe oder vollständige Tiere, wie man bei Maus- oder Froschexperimenten gesehen hat.

- Andererseits haben wir Ergebnisse, wie sie auch Isreal und Schaefer vorgestellt haben: Wenn man den grünen Nukleus in rotes Zytoplasma einsetzt, dann sterben diese Zellen entweder ab oder sie entwickeln sich zu Tumorzellen. Wohlgemerkt, der Nukleus war 'grün', er war vorher noch gesund

und kein Nukleus einer Krebszelle! Es wurden keine normalen Zellen hervorgebracht!

Diese Forschungsergebnisse sind das exakte Gegenteil davon, was man erwarten würde - wenn man glaubt, dass Krebs eine genetische Krankheit ist.

Diese Transferexperimente mit den Nuklei und den Mitochondrien sind der stärkste Belege dafür, dass die Gentheorie von Krebs nicht stimmen kann. Mit Abstand. Bislang konnte noch kein Wissenschaftler zufriedenstellend erklären, wie diese Ergebnisse mit der Gentheorie vereinbar wären.

Wenn wir diese Tatsachen also anerkennen, so müssen wir uns fragen: Warum beharrt das gesamte Feld der Krebsforschung darauf, Therapien zu entwickeln, die auf einer augenscheinlich falschen Hypothese beruhen?

Treten wir einen Schritt zurück und fragen in die andere Richtung: wenn Mutationen des Erbmaterials nicht der Ursprung von Krebs sind, was ist dann der Ursprung? Was ist die Ursache von Krebszellen?

Ein deutscher Wissenschaftler hat auf diese Frage schon vor Jahrzehnten eine Antwort geliefert - schon am Anfang des 20. Jahrhunderts. Sein Name: Otto Warburg.

On the Origin of Cancer Cells
Otto Warburg (Science, 24 February, 1956)

Die Krebstheorie von Warburg

1. Krebs resultiert aus einer
   beschädigten Zellatmung.

2. Da die Zelle ihren Stoffwechsel nicht mehr
   betreiben kann, kompensiert sie dieses Defizit
   mit zunehmender Fermentation.

3. Krebszellen fermentieren weiterhin, selbst bei
   Präsenz von Sauerstoff in der Zelle (Warburg-Effekt).

4. Alle Krebszellen haben gemeinsam, dass sie eine
   deutlich erhöhte Fermentation aufweisen.

Seine Theorie lautete:

- Krebszellen resultieren aus einer beschädigten, funktionsuntüchtigen Zellatmung.
- Da die Zelle ihren Stoffwechsel nicht mehr richtig betreiben kann, kompensiert sie dieses Defizit mit Fermentation.
- Die Krebszelle tendiert also mehr und mehr in Richtung eines Fermentationsstoffwechels.

Die Tumorzellen verwenden also den vorhandenen Sauerstoff in der Zelle gar nicht sondern fermentieren ihre Zellenergie. Dabei entsteht Milchsäure.

Diese Beobachtungen nennt man den "Warburg Effekt". Leider hat der Warburg Effekt zu einer großen Verwirrung bei den Forschern beigetragen. Viele Leute verstehen ihn nicht richtig. Es gibt nämlich Tumorzellen, die nicht fermentieren, die keinen Warburg Effekt zeigen. Also sagen viele Forscher "Naja, es gibt Krebszellen, die keinen Warburg Effekt haben - also stimmt seine ganze Theorie nicht."

Es ist aber so, dass Krebszellen nicht nur Glukose fermentieren können. Das haben meine Kollegen und ich mit einer ganzen Reihe von Studien eindeutig nachgewiesen. Krebszellen können nicht nur Zucker, Glukose fermentieren, sondern auch Aminosäuren - allen voran Glutamin. Der dazugehörige Stoffwechselschritt nennt sich *"succinyl-CoA-ligase step"* und ist nur den wenigsten Krebsforschern bekannt. Genau diese Fermentationsmöglichkeit von Aminosäuren ist das fehlende Element der Theorie von Otto Warburg.

Also: Krebszellen haben einen Fermentationsstoffwechsel, bei Glukose entsteht dabei Milchsäure. Sie können aber auch Eiweissbausteine fermentieren, vor allem die Aminosäure Glutamin. Für diese Behauptung werde ich auch Belege anführen.

Was alle Krebszellen gemeinsam haben, ist, dass sie eine deutlich erhöhte Fermentation aufweisen.

Ihr Stoffwechsel läuft nicht mehr auf Oxidation, sondern auf Fermentation - egal, um welche Sorte von Krebs es sich handelt!

Hier noch eine weitere, schwerwiegende Tatsache, die der somatischen Mutationstheorie widerspricht: Wenn man einen Tumor nimmt und sich die Zellen dieses Tumors einzeln betrachtet - dann hat fast jede Zelle in diesem Tumor ein anderes genetisches Profil. Dass zwei Zellen die exakt selben Mutationen hat, kommt so gut wie nie vor. Das haben Forschungen gezeigt, immer und immer wieder.

Aber: Jede einzelne Zelle in diesem Tumor hat einen Stoffwechsel, der auf Fermentation läuft. Jetzt stellt sich natürlich die Frage: Wäre es sinnvoller, sich auf das Problem zu fokussieren, dass jede Krebszelle aufweist? Oder macht es mehr Sinn, seine Forschung auf die Unterschiede zu richten, die jede Zelle in diesem Tumor in ihrem Erbgut aufweist? Ich würde mal sagen, die Antwort ist doch klar! Der Brennpunkt der Forschung sollte eindeutig sein, den Fermentationsstoffwechsel zu untersuchen und was es damit auf sich hat!

Das machen wir aber nicht, wir machen es falsch. Seit Jahrzehnten schon! Die Krebsforschung hat sich bis Dato ausschließlich mit den Unterschieden beschäftigt, die die einzelnen Krebszellen ausmacht. Mit den Mutationen die in der Krebszelle stattfinden. Kein Mensch hat sich je damit beschäftigt, was denn das große Bild ist, wie das alles im Großen zusammenhängt. Dieses Klein-Klein hat somit zu diesem Dogma geführt, der somatischen Mutationstheorie von Krebs. Die Folge: Jeden Tag haben wir 1600 Tote zu beklagen! Tendenz steigend und nicht fallend.

Diese Grafik zeigt, wie der Stoffwechsel in normalen Zellen abläuft. Eine normale Zellatmung, eine normale Respiration, mit dem Endpunkt der ATP-Produktion [*Adenintriphosphat,* die Energiewährung jeder Zelle]:

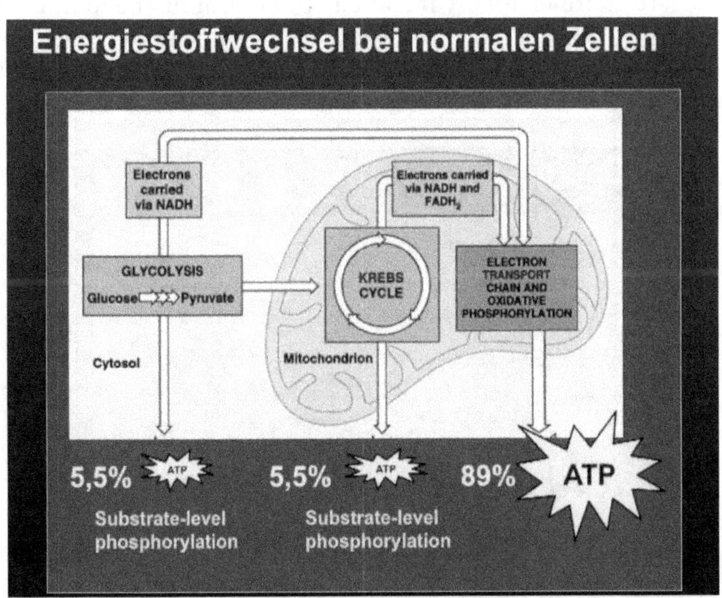

Wie man an dieser Illustration eines Mitochondriums sieht stammt der größte Anteil unserer Energieproduktion aus Zellatmung mit Sauerstoff. Das ist, was wir alle als "Atmung", als "atmen" bezeichnen. Auch das Mitochondrium innerhalb unserer Zellen atmet und dabei

kommt ATP heraus. Der Fachausdruck ist "Oxidative Phosphorylierung" - das ist, was ich mit Zellatmung genau meine.

In einer normalen Zelle wird ungefähr 89 bis 90 Prozent unserer Energie mittels oxidativer Phosphorylierung hergestellt [*OxPhos, ganz
rechts*]. Das ist aber nicht die einzige Möglichkeit der Zelle, ATP herzustellen. Sie kann auch mittels anderer, antiquierter Stoffwechselpfade Energie herstellen, die ohne Sauerstoff auskommen.

Hier haben wir zum Beispiel die sogenannte Substratkettenphosphorylierung [*substrate-level phosphorylation*]. Die funktioniert zum
einen innerhalb des Krebs-Zyklus im Zytoplasma durch die Glykolyse -
und zum anderen innerhalb des mitochondrialen Krebszyklus durch
den bereits erwähnten succinyl-CoA-ligase Pfad. Diese Dinge sollten
jedem geläufig sein, der sich ein wenig mit Biochemie auskennt, würde
ich sagen.

Summa summarum leben wir aber auf Basis der normalen Zellatmung, mit Sauerstoff. Wir atmen ja schließlich alle Luft ein, bekann-
termaßen. Oder etwa nicht? Zombies sind da vielleicht eine Ausnahme,
die brauchen nicht mehr zu atmen. Wir normalen Menschen müssen
aber schon atmen, wir brauchen Sauerstoff für unsere Energiegewinnung.

Ihr Leute von CrossFit wisst das ja ganz besonders: Je mehr ihr Sport
treibt, desto heftiger müsst ihr auch atmen. Daraus bekommen wir unsere Energie - auf der Zellebene und auf der Ebene der Mitochondrien.

Okay, dann schauen wir uns mal an, wie das bei einer Krebszelle aussieht:

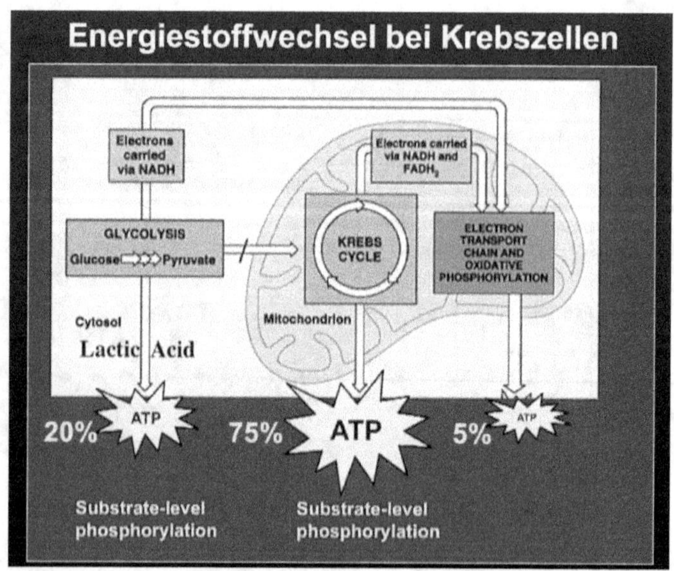

Das ist an sich die gleiche Grafik - wie ihr aber unten erkennen könnt hat in dieser Zelle ein massiver Wechsel stattgefunden, was die Quelle des ATPs angeht. Bei der Krebszelle kommt viel weniger ATP aus OxPhos heraus - dafür aber viel mehr aus diesen uralten und primitiven Stoffwechselvorgängen. Bei dieser Zelle hat die Substratkettenphosphorylierung fast die gesamte Energieproduktion übernommen.

Wie wir mittlerweile gesichert wissen kommt zwar der Großteil der Energie immer noch aus den Mitochondrien, diese wurde aber nicht durch OxPhos hergestellt sondern innerhalb des Krebszyklus, der keinen Sauerstoff braucht. Diese Energiegewinnungsmöglichkeit ist wie gesagt der unbekannte Schritt, der bei der Theorie von Otto Warburg damals gefehlt hat.

Vereinfacht ausgedrückt: Ein großer Anteil der Energie der Krebszelle stammt aus einem Fermentationsstoffwechsel. Daher kriegen die Krebszellen ihre Energie her, aus Fermentation! Eine normale Zellatmung findet hier nicht mehr statt, das Mitochondrium bedient sich beim Krebs anderer Wege.

Nun gut, immer noch steht die Frage im Raum "Wie genau bekommen wir eigentlich Krebs?" Wenn wir diese Informationen jetzt zur Hand nehmen müssen wir die gesamte Fachliteratur der letzten, sagen wir mal, 100 Jahre neu interpretieren - und diese Informationen mit diesem Stoffwechselumschwung des Mitochondriums in Einklang bringen. Dazu können wir auch durchaus das *Hallmarks*-Paper von Hanahan und Weinberg verwenden, welches ja so oft zitiert wird. Das vorhandene Wissen muss einfach neu konfiguriert und angepasst werden. Wir müssen das große Bild neu arrangieren!

Wenn wir das hinbekommen und wir das logisch geschickt anstellen kriegen wir die wahre Ursache von Krebs zu Gesicht, und können dann die Krankheit endlich so bekämpfen, wie es am sinnvollsten ist. Und? Was ist die Ursache?

Ein funktionsuntüchtiger, ein schadhafter Stoffwechsel der Mitochondrien. Das ist zumindest meine Hypothese!

Hier eine Grafik aus meinem Buch:

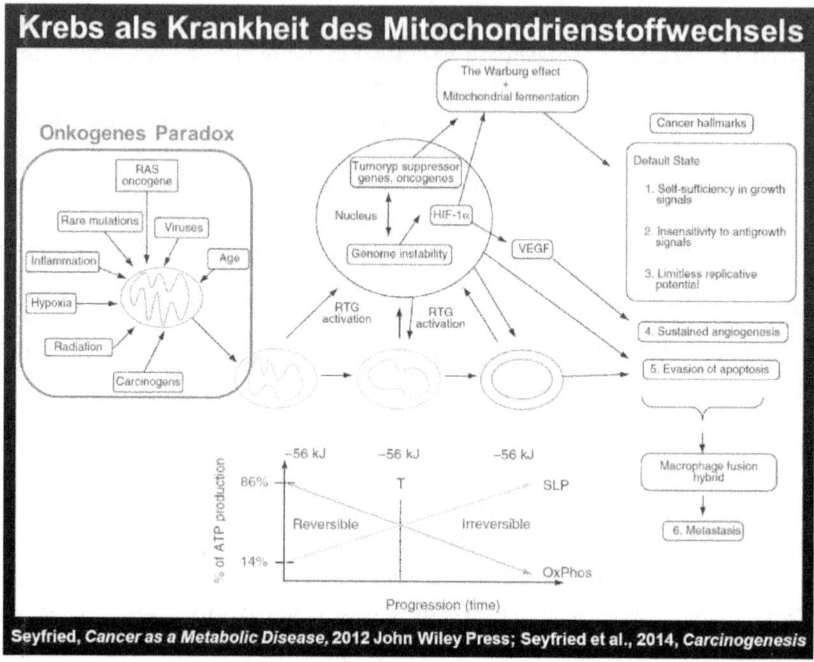

Auf der linken Seite seht ihr ein umrandetes Mitochondrium, hier ist es noch grün eingefärbt.

Seit Urzeiten stellen sich die Leute die Frage "Wie kriegt man denn eigentlich Krebs" und bisher war die Antwort darauf "Das ist genetisch." Das ist aber ziemlich unlogisch, denn man kann Krebs aus vielen verschiedenen Ursachen bekommen, die miteinander nicht recht viel zu tun haben und die auch nicht unbedingt alle auf die Gene einwirken.

Die Ursache von Krebs kann zum Beispiel sein, dass man karzinogenen Stoffen ausgesetzt war. Dann kann Krebs auch aus Strahlung entstehen. Sauerstoffmangel innerhalb der Zelle kann auch zu Krebs führen. Außerdem noch chronische Entzündungsherde, wie wir in einem anderen Vortrag gehört haben.

Dann haben wir ganz klassische, geerbte Mutationen. Die Leute sagen, "Ja, Krebs ist eine genetische Krankheit, denn die Mutationen BRCA1 und P53 verursachen eindeutig Krebs!" Zu Beispiel hat sich Angelina Jolie ihre Brüste und die Eierstöcke entfernen lassen, da sie die BRCA1-Mutation geerbt hat. Sie hatte Angst, dass auch sie Brustkrebs bekommt...

Diese Mutation ist aber zweitrangig, sekundär! Das mit der Mutationstheorie stimmt hinten und vorne nicht: Die BRCA1-Mutation verursacht den Krebs nicht, außer sie zerstört die normale Zellatmung im Mitochondrium.

Es gibt nämlich einen Haufen Leute, die ebenfalls die BRCA1-Mutation aufweisen, aber niemals Krebs kriegen. Warum? Weil dieses Gen die Zellatmung nicht zwangsläufig kaputtmacht, das ist der springende Punkt.

Okay, dann mal weiter mit den Krebsauslösern: Das Ras Onkogen verursacht Krebs - weil es die Zellatmung beschädigt. Hepatitis C und der Papilloma Virus verursachen auch Krebs. Auch hier: Diese Viren dringen in das Mitochondrium ein und machen sich an den Stoffwechselabläufen zu schaffen.

Ein weiterer Risikofaktor für Krebs ist ein fortgeschrittenes Alter.

Also gut: Wenn wir all diese Faktoren zusammen nehmen, was ist bei diesen Auslösern der gemeinsame Nenner? Naja, bisher war man ziemlich ratlos, wie all diese verschiedenen Dinge Krebs verursachen können. Deswegen wurde das Ganze von der Forschung als "onkogenes Paradox" bezeichnet. Paradox deswegen, weil sich all diese Dinge letztendlich in die gleiche Krankheit, in Krebs, niederschlagen können.

Albert Szent-Györgyi hat dieses Mysterium als erster wissenschaftlich beschrieben, und zwar schon 1977 - das ist über 40 Jahre her! Er sagte damals "Hey Leute, es gibt so viele verschiedene Möglichkeiten Krebs zu bekommen - aber wir haben keine Ahnung, was der pathophysiologische Mechanismus ist."

Naja, wenn man mal verstanden hat, dass Krebs eine Erkrankung des Mitochondrienstoffwechsels ist, dann erkennt man sehr schnell, welcher Mechanismus da dahinter steckt!

Sid Mukherjee hat erst 2010 den New York Times Beststeller "Der König aller Krankheiten" geschrieben - und auch er hat mit dem Mechanismus so seine Schwierigkeiten. Für dieses Buch hat er sogar den Pulitzer Preis bekommen. Aber den Mechanismus hat er ebenfalls nicht entschlüsseln können, auf den Seiten 285 und 303 sagt er sinngemäß:

"Also, irgendwie haben wir immer noch keine rechte Ahnung... wir kommen einfach nicht drauf, wie man von all diesen Dingen Krebs kriegen kann!"

Man bekommt Krebs von diesen Dingen, weil sie die Zellatmung beschädigen und dabei reaktive Sauerstoffspezies freigesetzt werden - und diese Sauerstoffspezies wirken karzinogen und mutagen [Krebs- und Mutationsauslösend].

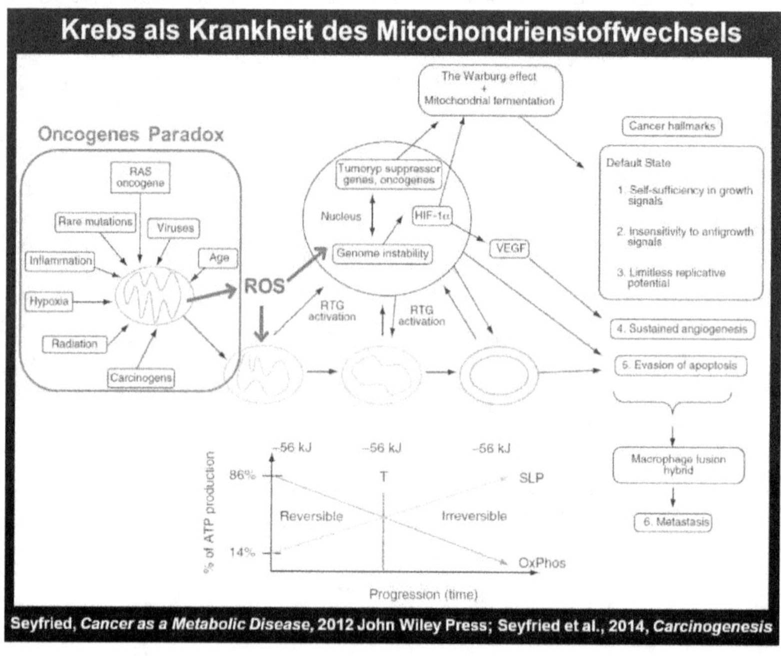

Das ganze Feld der Krebsforscher schaut sich immer nur den Zellkern an und welche Mutationen dort drinnen zu beobachten sind. Das sind aber nicht die wahren Übeltäter, das sind Sekundäreffekte. Sekundäreffekte, die von den Schäden an der Zellatmung, der Respiration herrühren. Die Mutationen des Nukleus sind nicht wichtig. Die gesamte Krebsforschung sieht sich seit Jahren und Jahrzehnten das falsche Stück des Puzzles an!

Die Mutationen des Zellkerns sind nicht die Ursache von Krebs, sondern die Folge!

Also: Zuerst wird die Zellatmung beschädigt. Daraufhin entstehen die reaktiven Sauerstoffspezies, die ROS. Diese beschädigen die Zellatmung noch mehr, was dazu führt, dass die Zelle erstickt, die Zelle keine Energie mehr herstellen kann. Jetzt kommt der entscheidende Schritt: Wie kann die Zelle jetzt noch Energie gewinnen? Irgendwo muss das ATP ja herkommen!

Da die Zelle keinen anderen Ausweg hat, muss sie andere Stoffwechselpfade hochregulieren - und zwar die Substratkettenphosphorylierung *[SLP]*. Fermentation!

Schaut euch bei der Grafik oben den unteren Teil an: Die grüne Linie fällt nach unten ab, das ist OxPhos. Die normale Zellatmung mit Sauerstoff. Die rote Line, das ist SLP - die steigt steil nach oben. Wir sehen also in der Krebszelle, im geschädigten Krebsmitochondrium, einen Fermentationsstoffwechsel.

Jetzt die Preisfrage: Was fermentiert die Krebszelle überhaupt? Was ist der Energieträger der Krebszelle? Sie fermentiert Glukose und Glutamin. Diese beiden Energieträger werden jetzt verstärkt herangezogen, um Energie herzustellen. Denn auch der Krebs braucht Energie, keine Zelle kann ohne Energie leben. Punkt.

Energie ist alles, ohne Energie kann keiner überleben, auch keine noch so kleine Zelle!

Wir haben also in diesen Zellen folgende Entwicklung: Sie verschieben ihre Energiegewinnung von einem Respirationsstoffwechsel hin zu einem Fermentationsstoffwechsel. Das geht aber nur mit den Brennstoffen, die sie auch fermentieren können.

Nochmal: Wenn wir diese Information zur Hand nehmen, können wir all die Eigenschaften von Krebs zusammenfassen und jeden einzelnen von ihnen mit Hilfe dieser Stoffwechseländerung deutlich logischer erklären. Es steht und fällt alles mit den ersten Schäden an der Zellatmung.

Um nochmal spezifisch auf das Paper von Hanahan und Weinberg zurückzukommen: Ihre ersten 3 Grundzüge von Krebs sind allesamt die Folge davon, dass die Funktion der Zellrespiration eingeschränkt wird. Daraufhin greift die Zelle auf energetisch evolutionäre Modalitäten zurück, die vor dem Aufkommen von Sauerstoff in der Atmosphäre an der Tagesordnung waren.

Damit meine ich, dass die Zelle ihre Energie gewinnt, wie sie es vor 2,5 Milliarden Jahren tat. Damals gab es nämlich noch keinen Sauerstoff und alle Lebewesen auf der Erde mussten fermentieren!

Alle Zellen fermentierten, was sie in die Finger kriegen konnten, Glukose, Aminosäuren, was auch immer.

Damals haben sich die Zellen ungebremst geteilt und geteilt, wie verrückt. Bis schlussendlich die fermentierbaren Stoffe in ihrer Mikroumgebung aus waren, dann sind die Zellen ohne weiteren Brennstoff abgestorben.

Während dieser ungezügelten Zellteilung werden aber ein Haufen Stoffwechselendprodukte nach außen abgegeben, die wir bei Krebskranken ebenfalls messen können. Diese Endprodukte sind oftmals giftig und führen auf Dauer zu Symptomen wie Tumorangiogenese... aber das ist nur ein Sekundärmerkmal, nicht die Krankheit. Aber auch hier werden Milliarden von Dollar mit dubiosen Arzneimitteln verdient!

Okay, den Mechanismus haben wir also. Noch ein weiterer, sehr wichtiger Punkt: Vielleicht fragt sich ja der eine oder andere von euch "Moment mal, wenn die Zelle mit ihrem beschädigten Stoffwechsel keine Energie mehr herstellen kann, warum stirbt sie dann nicht einfach ab?" Wir nennen diesen programmierten Zelltod *Apoptose*. "Warum findet bei diesen Zellen keine Apoptose statt?"

Antwort: **Der Schalter, der den Zelltod auslöst, befindet sich im Mitochondrium - nicht im Zellkern!** Und weil das Mitochondrium beschädigt ist, funktioniert auch dieser Selbsttötungsschalter nicht mehr. Die Zellen umgehen somit ihren eigenen Zelltod und schalten ihre Mitochondrien auf Fermentation um. Die Krebszellen sterben also nicht - wie es normal wäre bei einer solchen Energiekrise - sondern sie teilen sich munter weiter!

Aber sprechen wir doch mal über den Elefanten im Raum:
Metastasen. Metastasierender Krebs - das ist eine der größten Herausforderun- gen bei der Behandlung von Patienten. Wenn man den Krebs nicht da- ran hindern kann sich auszubreiten, hat man den Kampf gegen diesen Krankheit nämlich schon verloren.

Gut, wo kommen diese Metastasen her? Mit diesem neuen Ansatz kann man Metastasen vielleicht ein wenig besser verstehen, kann man das Puzzle eventuell besser zusammensetzen.

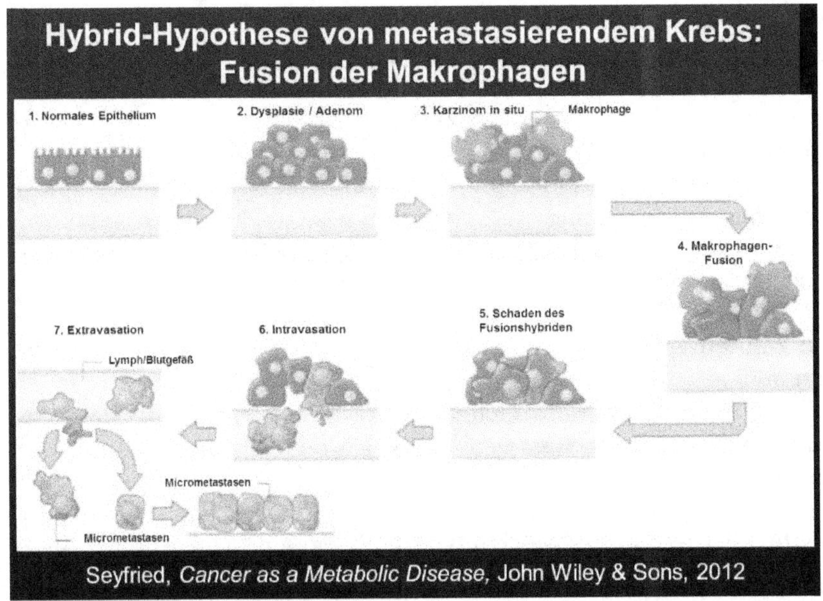

Hier habe ich einige Zellen blau eingefärbt. Das sind Epithelialzellen die innerhalb der Zellwand liegen. Die gibt es im Brustgewebe, im Dickdarm, wo auch immer.

Sagen wir mal, diese Zellen wurden von einem der vorher erwähnten Risikofaktoren beschädigt und können jetzt nicht mehr mittels normaler Zellatmung ihre Energie herstellen. Die Zelle fangen an, wieder auf Fermentation zurückzugreifen und teilen sich immer weiter, da das Apoptosisprogramm nicht mehr funktioniert.

Gegen solche Vorkommnisse hat unser Körper eigentlich einen Schutzmechanismus errichtet, für ihn sieht das Ganze aus wie eine Wunde die nicht richtig heilen will. Also werden Immunzellen an diese Stelle beordert um diese Wunde zu heilen. Dabei handelt es sich vor allem um Makrophagen. Diese Makrophagen merken also, dass da was nicht stimmt und dringen aus dem Blutkreislauf in jene Stelle vor, an der die Zellen nicht mehr richtig funktionieren. Die Makrophagen wollen lediglich alles wieder in Ordnung bringen und das Gewebe heilen. Das Problem bei dem Ganzen ist, dass sie dabei einen Haufen Wachstumsbotenstoffe und Cytokine in die Mikroumgebung abgeben

- doch leider sind diese Moleküle für diese beschädigten Zellen ebenfalls ein Wachstumsfaktor, der sie zu weiteren Zellteilungen anregt.

Doch es kommt noch schlimmer: Da diese roten Zellen, unsere Immunzellen, darauf programmiert sind kaputte Zellen wieder in Ordnung zu bringen, verschmelzen sie mit diesen beschädigten Zellen.

Makrophagen sind durchaus in der Lage, mit anderen Zellen zu fusionieren, das ist eindeutig in Experimenten belegt worden.

Also, was passiert hier: Die Immunzellen versuchen, das Ganze zu heilen und wollen die kranken Zellen mittels Fusion aus dem Gewebe schaffen, welches bereits ziemlich entzündet ist. Dabei wird aber jetzt das Zytoplasma der roten, der Immunzelle, mit dem Zytoplasma der Tumorzelle vereinigt - und dadurch wird auch das Mitochondrium der Immunzelle beschädigt! Somit verschiebt sich auch in der Makrophage der Stoffwechsel in Richtung Fermentation, unwiderruflich! Diese Makrophagen sind aber generell ungemein wendig und können problemlos in den normalen Blutkreislauf ein- und austreten.

Diese andere Theorie, welche Metastasen mit Hilfe von genetischen Verschiebungen oder was weiß ich erklären will, die macht dagegen überhaupt keinen Sinn.

Die nennt das Establishment "Epithelial- mesenchymale Transition". Das hier ist der wahre Mechanismus. So bekommt man Krebsmetastasen, das ist der wahre Grund dafür, wie sich Krebs im Körper ausbreitet! Wir haben auch verschiedenste Belege, um diesen Zusammenhang eindeutig zu beweisen.

Was heißt das jetzt in der Praxis? Diese frühere Immunzelle ist mit dieser Aufnahme des Tumorzellenzytoplasmas zur 'abtrünnigen' Zelle geworden, mutiert, und kann mit seiner Programmierung problemlos durch den ganzen Körper wandern. Die bekommt man nur unglaublich schwer in den Griff, beziehungsweise kann man die fast überhaupt nicht abtöten. Ist ja klar, denn Immunzellen haben ja klassisch die Eigenschaft, auch an besonders toxischen Umgebungen überleben zu können. Sehr viele Versuche mit Medikamenten gegen diese Metastasenzellen vorzugehen sind deswegen leider auch kläglich gescheitert. Und daran wird sich auch nichts ändern, da kann die Pharmaindustrie forschen wie sie will!

Okay, sehen wir uns nochmal den Aufbau dieser Metastasenzelle an: Sie ist eine Makrophage mit einem entarteten Stoffwechsel, einer beschädigten Zellatmung. Aber auch diese Zelle braucht Energie, muss ATP herstellen. Welchen Brennstoff benutzt sie hierfür? Sie verwendet Glukose und Glutamin! Gut, soviel steht fest. Das haben wir auch mit Experimenten belegt.

Wenn es sich also so verhält, dass diese Zelle und Krebszellen im Allgemeinen ihre Energie aus Fermentation gewinnen - welche Behandlungsmöglichkeiten könnten sich dann bei der Behandlung von Krebs als effektiv erweisen?

Auf den ersten Blick sollten wir logischerweise der Krebszelle ihren Treibstoff entziehen.
Wir nehmen ihr die fermentierbaren Energiequellen weg!

Und wie machen wir das? Tja, das geht eigentlich ganz einfach: Mit dem Essen aufhören - die Kalorien werden eingeschränkt und man geht zusätzlich auf eine ketogene Diät. So eine Ernährungsumstellung kann jeder problemlos durchführen!

Diese beiden Maßnahmen [Kalorienrestriktion KR und ketogene Ernährung KE] haben folgende Eigenschaften:

- Sie unterscheiden sich deutlich von völligem Nahrungsentzug
- Sie stellen eine normale Zufuhr der notwendigen Mineralien sicher
- Sie verbessern den Stoffwechsel im Mitochondrium der gesunden Zellen
- In den Krebszellen verdrängen sie zusehends die fermentierbaren Energieträger

Es ist nämlich ganz einfach so, dass *Ketone [Ketonkörper,* die Energieträger einer ketogenen Ernährung] nicht fermentiert werden können. Die Krebszellen können Ketone nicht fermentieren! Das geht nur in Zellen, die über ein funktionstüchtiges Mitochondrium verfügen, Krebszellen haben diese Fähigkeit aber nicht mehr.

Was man bei den folgenden Studien an Mäusen beachten sollte ist deren viel höhere Stoffwechselrate. Ich mache meine Experimente ja oft mit Mäusen und bei denen reduzieren wir die Kalorien um 40%. Wenn man das aber auf den Mensch überträgt, entspricht das einem völligen Fasten mit Wasser und Salz - sonst nichts. Okay? Das kommt daher, dass Mäuse eine 7fach erhöhte Stoffwechselrate haben, verglichen zum Menschen.

Gut, dann sprechen wir mal über die ketogene Ernährung:

[Im englischen ist *diet* synonym zum deutschen *Ernährung* und beinhaltet nicht zwangsläufig eine Kalorienreduktion]

Zusammensetzung (%) der Standardernährung (SE) und der ketogenen Ernährung (KE)		
Makronährstoffe	Standard (SE)	Ketogen (KE)
Kohlenhydrate	62	3
Fett	6	72
Protein	27	15
Energie (Kcal/gr)	4,4	7,2
F/ (P + K)	0,07	4

* Die ketogene Ernährung sollte immer im Energiedefizit stattfinden!

Leider gibt es in diesem Bereich einen Haufen Falschinformationen, viele Leute verstehen nicht ganz, was diese Diät [*diet:* Ernährungsform] eigentlich ist. Eine ketogene Ernährung ist im Grunde genommen eine Ernährung, die sehr wenig Kohlenhydrate enthält, dafür aber viel Fett. Protein wird in einem eher niedrigen Rahmen gehalten. Es kommt aber auch darauf an, welche Art von Proteinen und Fetten jemand zu sich nimmt. Um Krebs zu therapieren wenden wir die ketogene Diät außerdem immer kalorienreduziert an!

Leider Gottes wird die ketogene Ernährungsweise oftmals als "Diät", als *Abnehm*diät bezeichnet. Immer, wenn etwas das Wort "-Diät" im Namen trägt, meinen die Leute das Ganze wäre kompliziert und mysteriös. Meiner Meinung nach ist die ketogene Ernährungsweise eine Therapiemethode, eine Art Medizin. Es heißt ja nicht umsonst "die ketogene Stoffwechsel*therapie*". Man muss an dieser Stelle diesem Konzept Respekt zollen und anerkennen, welch wichtigen Stellenwert diese Ernährungsweise hat. Denn man kann das auch verhunzen und falsch machen.

Man man jemanden falsch einstellt und ihm die falschen Sachen zum essen gibt, dann wird die ketogene Ernährung nicht funktionieren! Wie auch bei anderen Formen von Medizin, wenn man die nicht richtig anwendet funktioniert's auch nicht.

Wir wissen jedoch aus dem Feld der Epilepsie wie genau man diese Ernährungsweise einsetzen kann und wie sie funktioniert. Wir wissen auch, dass sie langfristig sehr sicher ist, auch wenn sich bei manchem eine gewisse Insulinresistenz einstellen kann.

Trotzdem ist das Gesamtkonzept einfach nachzuvollziehen, würde ich mal sagen! Da die Tumorzelle fermentierbaren Brennstoff braucht, nehmen wir dem Tumor diese Energieträger weg. Damit entziehen wir dem Tumor die energetische Grundlage:

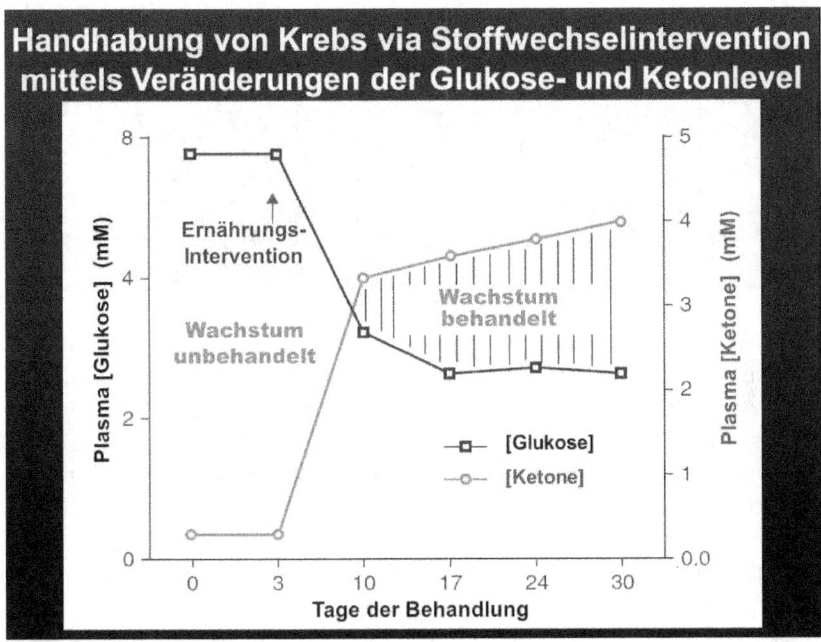

Wir reduzieren also den Blutzucker, die Glukose im Blutkreislauf und erhöhen zeitgleich die Ketonkörper. Die Tumorzellen können diese nicht verwenden, die gesunden Zellen aber schon. Mit dieser Methode hungern wir den Tumor praktisch aus.

Nochmal: Ohne Energie kann auch die Tumorzelle nicht leben. Ohne Brennstoff, ohne Fermentation entziehen wir dem Tumor ihren primären Treibstoff! Was geschieht nun mit diesen Tumorzellen, wenn sie keine Energie mehr herstellen können? Naja, entweder werden sie in ihrem Wachstum bedeutend langsamer oder sie sterben ganz ab. Und das nicht nur in Theorie, das sehen wir auch in den Experimenten! Diese Art von Ernährungsintervention wurde zuerst von Linda Nebling angewandt - bei Menschen wohlgemerkt, nicht bei Experimenten mit Mäusen.

Effects of a Ketogenic Diet on Tumor Metabolism and Nutritional Status in Pediatric Oncology Patients: Two Case Reports

Linda C. Nebeling, PhD, MPH, RD, Floro Miraldi, MD, PhD, Susan B. Shurin, MD, and Edith Lerner, PhD, LD, FACN

Journal of the American College of Nutrition, Vol. 14, No. 2, 202–208 (1995)

Die Ergebnisse zeigen, dass eine ketogene Ernährung (die den Blutzuckerspiegel senkt und Ketonkörper erhöht) dafür geeignet ist, bei diesen beiden Kindern mit inoperablem Gehirnkrebs langfristig die Krankheit im Griff zu behalten.

Hier haben wir ihre Fallstudie, sie stammt aus dem Jahr 1995. Sie hat sich dieser beiden kleinen Kinder angenommen... was die "wohlwollenden" Ärzte mit denen vorher angestellt haben, das wollt ihr gar nicht wissen. Dr. Nebling hat aber alles in ihre Dissertation reingeschrieben, das ist überhaupt kein Geheimnis. Diese Kinder wurden von allen Seiten fast schon misshandelt.

Die Ärzte haben an ihnen rumoperiert, ihnen massive Mengen Chemotherapie verpassten, dazu noch Strahlenbehandlung... lauter toxische Dinge, die das Leben dieser beiden zur Hölle machten. Als aber nichts gewirkt hat, haben die behandeln Ärzte die Kinder aufgegeben und gesagt, da könne man eh' nichts machen. "Die leben höchstens noch 2 oder 3 Monate," so in der Art.

Dr. Nebling hat vorsichtig angefragt, ob sie bei den beiden Kleinen vielleicht eine ketogene Ernährung probieren könne. "Unseretwegen. Das wird nichts bringen, die leben sowieso nicht mehr lange." Und was ist passiert?

Mit der ketogenen Ernährung hat sie diese beiden Kinder zuerst mal aus der ganzen Behandlung mit toxischen Stoffen gerettet! Sie hat die Chemo und den ganzen Rest mit Keto ersetzt. Und siehe da: Die Kinder lebten weiter, überlebten! Sie lebten auf jeden Fall viel länger, als es auch der optimistischste Arzt prophezeit hatte. Außerdem verbesserte sich deren Lebensqualität beträchtlich, was bei den anderen Maßnahmen eher das Gegenteil war. Statt dass sie immer kränker wurden, wurden sie mit Keto immer gesünder.

All diese Beobachtungen hat sie in diesem Paper zusammengefasst. Die tollen Ergebnisse der krebskranken Kinder basierten darauf, dass der Stoffwechsel von einer normalen Glukoseverbrennung auf die Verwendung von Ketonen als Energiequelle umgestiegen war - was die Krebszellen nicht können.

Als ich diese Fallstudie gelesen habe dachte ich mir "Wow, das ist ja echt unglaublich!" Wie gesagt, das war bereits 1995... und damals sagte ich zu meinen Studenten: "Wir sollten das auch mal mit unseren Mausmodellen und Hirnkrebs probieren." Also haben wir wirklich herausragende Tiermodelle entwickelt - Tiermodelle, die Gehirnkrebs beim Menschen simulieren. Beispielsweise hatten wir ein tolles Modell mit dem CT-2A Tumor, das ist ein Tumor, der bei neuronalen Stammzellen vorkommt.

Als erstes haben wir nur Kalorienreduktion probiert. [Kalorienreduktion führt bei Mäusen auch zu einer Erhöhung der Ketone im Blut]. Wir haben den Mäusen eine Standard-Ernährung [SE; englisch: *Standard Diet SD]* gegeben. Die hatte zwar noch Kohlenhydrate dabei, war aber um 40% reduziert, was die Kalorien anging.

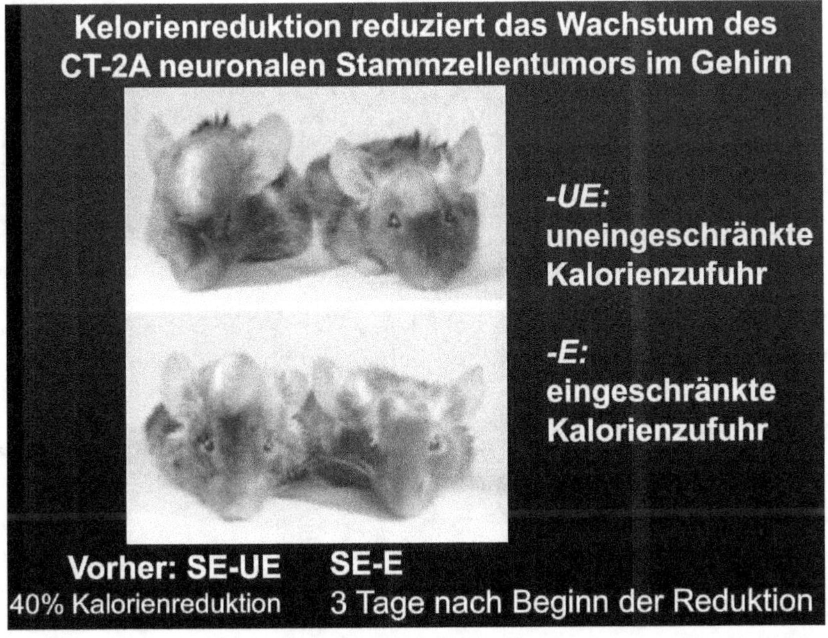

Und schon mit dieser Vorgehensweise hatten wir gute Erfolge. Wie man hier sieht, haben die Tumor angefangen sich zurückzubilden, und das nicht zu knapp! Die Tumore wurde 60 bis 85% kleiner in dieser Studie.

Wir waren ziemlich verblüfft, dass reine Kalorieneinschränkung solch tolle Ergebnisse haben könnte. Wir haben uns das dann auch mathematisch genau angesehen und die Faktoren rausgerechnet. Mittels einer linearen Regressionsanalyse haben wir einerseits Glukose als die unabhängige Variable gesetzt, und andererseits Ketonkörper bzw. das Gewicht des Tumors als Endvariable berechnet.

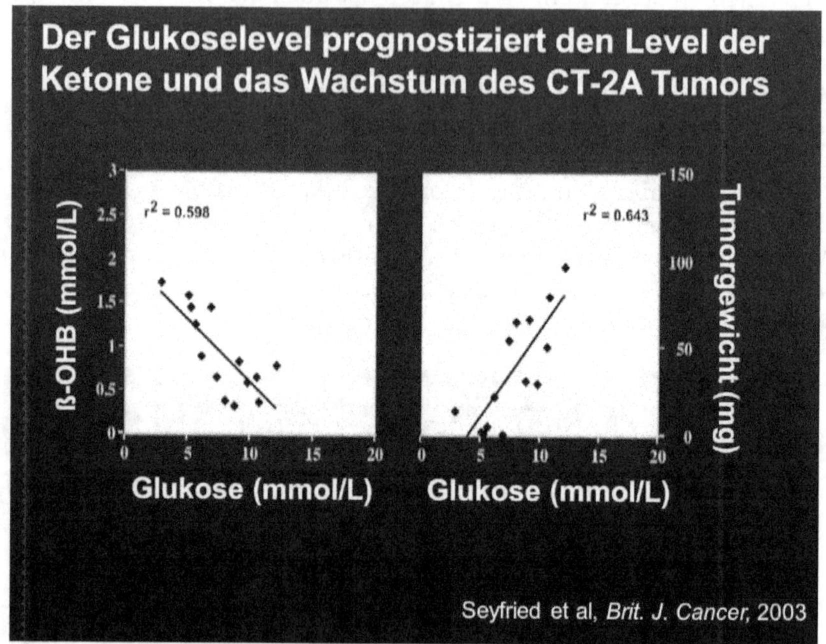

In dieser Abbildung entspricht jedes kleine Quadrat einem anderen Versuchstier. Was ihr bei diesen beiden Graphen sehen könnt, ist folgendes:

- Je mehr der Blutzucker runtergeht, desto mehr steigen die Ketone im Blut an [ß-OHB, links]

In „Ketose" zu kommen, das ist eine evolutionäre Anpassung um Nahrungsengpässe zu überwinden. Wenn wir keine Kohlenhydrate, keine Carbs *[Carbohydrates]* mehr zu essen bekommen, dann beginnt der Körper damit aus seinen Fettspeichern Energie abzuzapfen. Die Fette werden aus den Fettzellen mobilisiert, zur Leber gebracht und in der Leber werden diese Fette in wasserlösliche Energieeinheiten, in Ketonkörper umgewandelt - welche dann statt dem Zucker unsere Zelle mit Energie versorgen. Das funktioniert auch mit dem Gehirn, auch das kann Ketone als Energiequelle verwenden.

Auf der rechten Seite seht ihr:
- Je mehr der Blutzucker runtergeht, desto kleiner wird der Tumor. Und andersherum

- Je höher der Blutzucker, desto schneller wächst der Tumor. Niedriger Blutzucker bedeutet dementsprechend langsameres Tumorwachstum, okay?

Nochmal:
**Je höher der Blutzucker, umso schneller wächst der Tumor.
Je niedriger der Blutzucker,
umso langsamer wächst der Tumor**

Wenn also einer will, dass sein Tumor so schnell größer wird wie's geht, dann bringt er seinen Blutzucker so hoch wie er nur kann! Das will natürlich kein Mensch - aber geht doch mal in die Krebskliniken und schaut euch an was die Leute dort essen. Überall Carbs, überall Kohlenhydrate.

[**Alle Arten** von Kohlenhydraten erhöhen den Blutzuckerspiegel].

Die Leute schaufeln sich geradezu Eiscreme und Süßigkeiten rein. Dass die verantwortlichen Ärzte dem keinen Riegel vorschieben? Lesen die denn nicht die Fachliteratur? Wahnsinn!

Dieser Zusammenhang mit dem Blutzucker wurde mittlerweile nicht nur bei Gehirnkrebs nachgewiesen, sondern auch bei Brustkrebs, bei Darmkrebs, usw. usf. Wenn der Tumor schnell größer werden soll, geht das am besten indem man den Blutzucker erhöht.

Nun sagen aber viele Kollegen zu diesen Papern "Das ist ja schön und gut - aber den Mechanismus dahinter, den haben wir nicht nicht erfasst. Wir verstehen nicht, wie das genau funktioniert."

Schwachsinn! Die verstehen den Mechanismus ganz genau, wenn sie es denn verstehen wollen. Wir haben in den letzten Jahren so viele Studien veröffentlicht, warum Kalorienreduktion und Keto das Wachstum von Tumoren einschränkt... der Mechanismus ist völlig klar! Und nicht nur von uns kamen Studien in diesem Bereich, auch von vielen anderen Wissenschaftlern.

Aber die Story von vorne: Ihre Hündin hatte diesen Tumor ausgebildet und schließlich ist sie mit ihr dann mal zum Tierarzt gegangen. Der hat ihr erzählt "Naja, so wie's aussieht müssen wir den rausschneiden und dann werden wir hinterher noch eine Strahlentherapie und 'ne Chemo machen. Das wird so 10.000 Dollar kosten. Ihr Hund wird dann vielleicht noch ein paar Monate länger leben, aber nicht gerade in gu- ter Verfassung, denn diese Mittel werden dem Tier schön zusetzen..." Bla, bla, bla. Was die Tierärzte einem eben erzählen. Immer dasselbe, Geld, kranker Hund wegen der Behandlung, ein paar Monate mehr. Sowas halt.

Darauf hatte die Besitzern jedoch keine Lust. Sie hat das Angebot dankend abgelehnt, ist stattdessen zum Metzger und hat sich frisches Hühnerfleisch mit den Knochen darin geben lassen. Dann hat sie den Hund auf unsere 40% kalorienreduzierte Diät gesetzt, noch ein paar ml MCT-Öl [*Medium Chain Triglyceride*, z.b. von Kokosöl] und ein paar rohe Eier dazugegeben. Das war dann die neue Ernährung ihrer Hündin. Damit hat das Tier dann ungefähr 5 Prozent seines Ursprungsgewichts abgenommen. Und, wie ihr hier seht: Der Tumor hat angefangen zu schrumpfen... und ist schlussendlich ganz verschwunden!

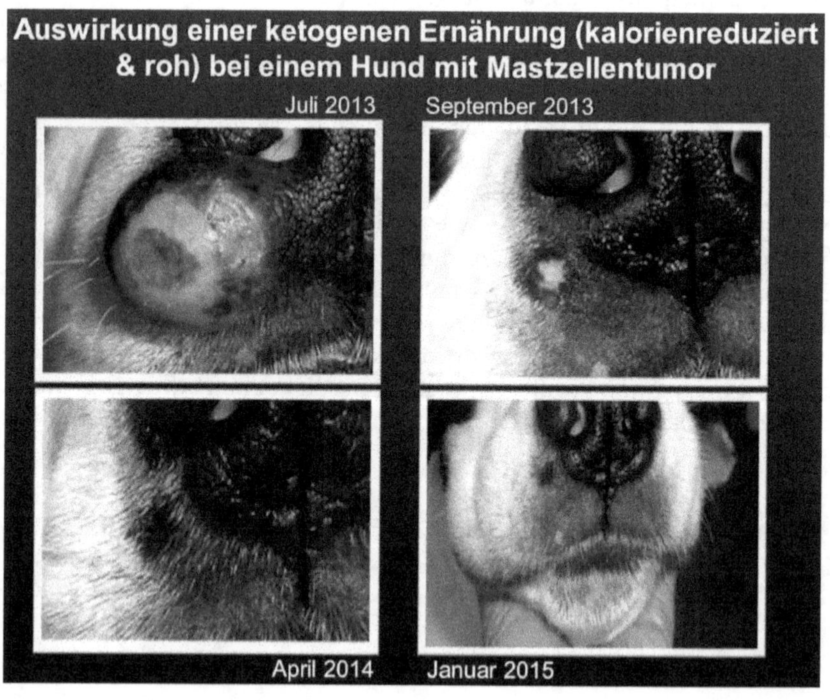

Auch wenn mir das keiner recht glauben will: Minka lebt auch heute noch! [Tumor von 2013 - Vortrag 2018]. Es ist schon sehr beeindruckend, wie schnell der Hund auf die Therapie angesprochen hat.

Mit diesem Resultat sind natürlich auch viele andere Hundebesitzer auf uns aufmerksam geworden und haben angefangen ihre kranken Tiere ebenfalls auf diese Stoffwechseltherapie zu setzen. Dabei kommen sehr oft gesunde Tiere heraus, wirklich tolle Ergebnisse!

Die Tierärzte hingegen waren nicht unbedingt alle begeistert. Ein paar von denen haben ganz schön einen an der Waffel! Die meinten, man dürfe den Hunden kein rohes Fleisch geben, weil die sonst eine Salmonellenvergiftung kriegen würden. Sonst geht's noch, oder? Also, haben diese Knaller schon mal gesehen was Hunde alles fressen! Sonst haben die wohl keine Probleme! Also alles was recht ist.... Salmonellenvergiftung.

Ich selber war ziemlich beeindruckt von diesen Ergebnissen, das muss ich zugeben. Wir haben über den Fall sogar ein YouTube Video gemacht, also über die ganze Krebs-bei-Hunden Sache, das wurde 5,3 Millionen Mal angeklickt. Wahnsinn, oder? Aber ich sage euch, da waren ein paar richtig böse Leute dabei in den Kommentaren und auch welche von der Presse, die haben mir ganz schön zugesetzt, im negativen Sinne. Die können sich alle mal zur Hölle scheren - wir wollen hier den Tieren helfen, verdammt noch mal! Und den Menschen natürlich auch.

Okay, dann kommen wir zu einem ernsteren Thema, und zwar Gehirntumor beim Menschen. Glioblastoma Multiforme [GBM] nennen wir diese Ausprägung und die ist wirklich besonders schlimm. Die Prognose ist ungeheuer düster mit einem GBM.

Senator McCain ist unglücklicherweise genau mit dieser Art von Tumor diagnostiziert worden. Ein Gehirntumor ist eine schlimme Art von Krebs, er hat viele verschiedene Mutationen in sich und auch an verschiedenen Stellen. Effektive Therapien gibt es bislang keine. Weil diese Zellen alle grundverschieden sind heißt er auch "multiforme", mehrfach ausgeprägt. GBM kann sich auch sehr schnell und leicht auf benachbarte Gewebe übertragen, ist hochinvasiv.

Auf diesen Bilder sehen wir einen Gehirntumor eines Verstorbenen. Hier sehen wir einen großen, abgestorbenen Bereich und außerdem eine sehr große Zyste innerhalb des Gehirns:

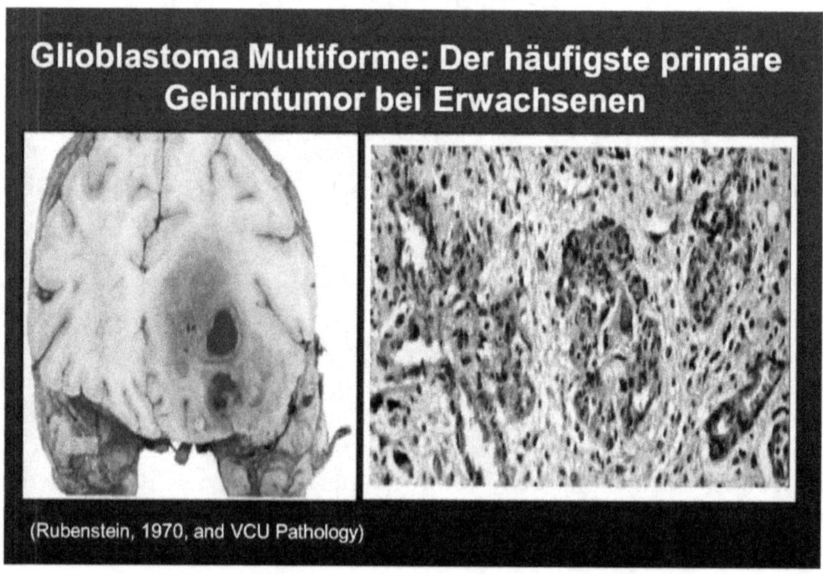

Außerdem erkennt man, dass die Mittelline des Gehirns sich verschoben hat und zwar Richtung der linken Seite. Das nennen wir den *midline shift*. Der Tumor wächst und durch dieses Wachstum verursacht er interkraniellenen Druck - das ist auch sehr häufig die Todesursache der Patienten, sie sterben an diese Druck des Tumors, der die Mittellinie verschiebt.

Das Problem der Chirurgen ist somit auch häufig, dass der Tumor nicht einfach so operiert werden kann, da sich der Tumor schon auf die andere Seite, auf das andere Gewebe ausgebreitet hat. GBM wuchert sehr schnell in noch gesundes Gewebe hinein. Dabei benutzen die Tumorzellen die Blutgefäße, um sich im Gehirn weiter zu verbreiten. Sie klettern über die Oberfläche der Gefäße und gelangen dadurch in den Virchow-Robin'schen Raum.

Die Blutgefäße werden also von den Krebszellen praktisch als eine Art Schienensystem verwendet um ihnen den Weg durch das Gehirn zu bahnen. Diese Tumore mittels einer Operation zu entfernen gestaltet sich deswegen als sehr schwierig. Eine vollständige Heilung, selbst nach einer zunächst gelungenen Operation, findet fast nie statt.

Aber: Wir wissen mittlerweile, dass auch bei den Krebszellen im Gehirn die Mitochondrien abnormal sind!

Das sind Bilder aus dem Elektronenmikroskop:

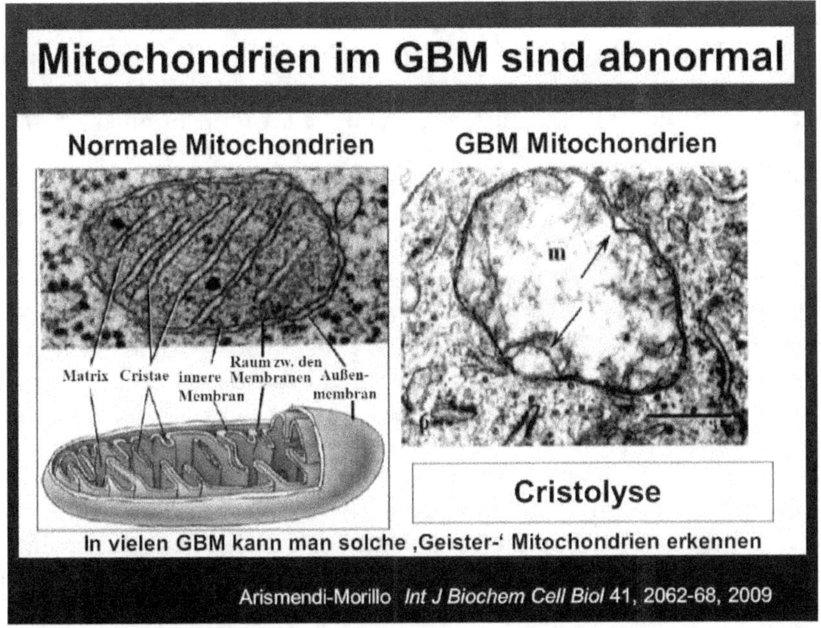

Die Streifen, die ein gesundes Mitochondrium normalerweise aufweist, beinhalten die Proteine und Lipide der **Elektronentransportkette.** Ohne diese Elemente kann das Mitochondrium keine oxidative Phosphorylierung durchführen. Das ist die Voraussetzung für normale Zellatmung, für OxPhos.

Links seht ihr schön die Streifen. Beim rechten Bild, bei dem Mitochondrium der Krebszelle in einem GBM - da fehlen sie aber. Die Struktur fehlt einfach! Die Streifen, die Cristae sind nicht mehr da, was wir Cristolyse nennen. Es fehlt also von Grund auf die Struktur, ohne die eine normale Zellrespiration nicht möglich ist.

Dass dem so ist, sieht ein jeder Mensch, zweifellos! Die Streifen fehlen glasklar! Und ohne diese Streifenstruktur funktioniert die Phosphorylierung auch nicht. Was wiederum heißt, dass die Zelle fermentieren muss, um überleben zu können. Das sieht doch wirklich ein Blinder, würde ich mal sagen! Und mittlerweile gibt es viele Paper, die genau diese krankhafte Struktur belegen.

Trotzdem gibt es immer noch Wissenschaftler in meinem Feld, die behaupten, dass "die Mitochondrien ganz normal sind." Bitte? Also entweder schauen die sich die Bilder in diesen Studien gar nicht an oder sie wollen einfach nicht erkennen, was direkt vor ihren Augen vor sich geht!

Diese Tumorzellen fermentieren, wie auch alle anderen Krebszellen. Sie müssen fermentieren, da ihnen die dafür nötige Struktur fehlt. Die Struktur legt die Funktion fest, ganz einfach. Ohne die Struktur, ohne den Aufbau, kommt die Funktion nicht zu Stande. Die Funktion, der Energiestoffwechsel ist kaputt, weil auch die Struktur hinüber ist. Mein Kollege Dr. Gabriel Arismendi-Morillo hat über dieses Thema bereits mehrere ganze eindeutige Paper veröffentlicht.

Gut. Wenn also die Krebszelle keine Energie aus normaler Zellatmug mittels Sauerstoff gewinnen kann, woher nimmt sie dann ihre Energie? Woher nimmt dieses Monster von Krankheit seinen Brennstoff, um sich unaufhörlich fortzupflanzen? Woher? Die Energie kommt von Glukose und von Glutamin, das sind die beiden hauptsächlichen Brennstoffquellen aus denen das Geschwür Krebs sich speist. Sie kann von nichts anderem leben. Es gibt zwar noch tertiäre Brennstoffe, aber die reichen in ihrer Menge nicht aus. Über die Logistik der Brennstoffe haben wir ganz genau Buch geführt. **Es ist Glukose und Glutamin, ohne diese beiden Quellen geht es nicht.**

Und diese beiden Energieträger sind auch diejenigen, die im intrazellulären Raum am häufigsten vorhanden sind. Hier haben wir ein Schaubild, wie sich diese Stoffwechselvorgänge synergistisch genau abspielen:

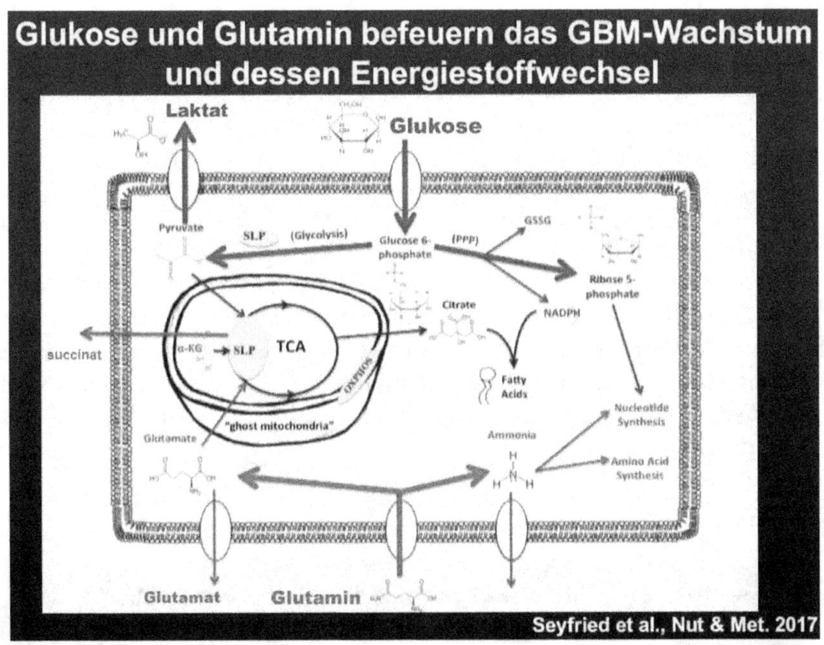

Glukose von oben, Glutamin von unten. Die genauen Stoffwechselpfade werde ich euch jetzt mal ersparen. Auf jeden Fall kommt am Ende dieser Reaktionen ATP mittels Substratkettenphosphorylierung heraus - nicht mittels OxPhos. Es ist eine Fermentation, die keinen Sauerstoff braucht. Diese Krebszellen wachsen wie verrückt, das kann ich euch sagen. Ohne Apoptose teilen die sich weiter und weiter.

Wie läuft das mit einem Gehirntumor dann in der Klinik ab? Naja, wenn einer dieser armen Teufel mit einem Glioblastom diagnostiziert wird, dann bricht für den selbstverständlich erst mal eine Welt zusammen. Das ist eine erschütternde Erfahrung, die Patienten wissen gar nicht, wie ihnen geschieht. Auch deren Familien sind völlig am Boden zerstört und wissen hinten und vorne nicht weiter.

Aber Ruckzuck haben die Ärzte schon einen Vorschlag: "Ja, also wir sollten so schnell wir möglich operieren und den Tumor rausschneiden, am besten jetzt gleich" - mit sowas kommen die schnell mal um die Ecke.

Zugegeben, in seltenen Ausnahmefällen muss man sofort operieren, zum Beispiel bei einer Herniation. Aber in den meisten Fälle kann man noch warten und sich das Wachstum erst einmal in Ruhe ansehen. Davon aber halten die Ärzte wenig, die sagen sofort "Nein, nein, gleich in den Operationssaal, so schnell wie's geht. Der Tumor muss chirurgisch behandelt werden, so viel wie möglich, der Tumor muss raus!" Dann übernimmt der Chirurg und schnippelt was er kann von dem Tumor raus.

Nach der Operation wird der Patient gleich verhört: "Hey! Wie geht's ihnen?"

"Naja, mir geht's den Umständen entsprechend gut..."

"Wunderbar! Also, sobald sie sich ein wenig erholt haben geht's gleich weiter. Dann fangen wir mit der Bestrahlung an." Ob das wirklich hilft? Schauen wir mal...

Zum allgemeinen Verständnis: Im menschlichen Gehirn sind Neuronen und Gliazellen eng miteinander verknüpft. Und zwar mittels dem sogenannten Glutamin-Glutamatzyklus. Dieser Stoffwechselzyklus hält unsere Neurotransmitter am Laufen und sorgt dafür, dass alles unter Kontrolle bleibt.

Wenn man in diesen Zyklus aber von außen eingreift, passiert das hier:

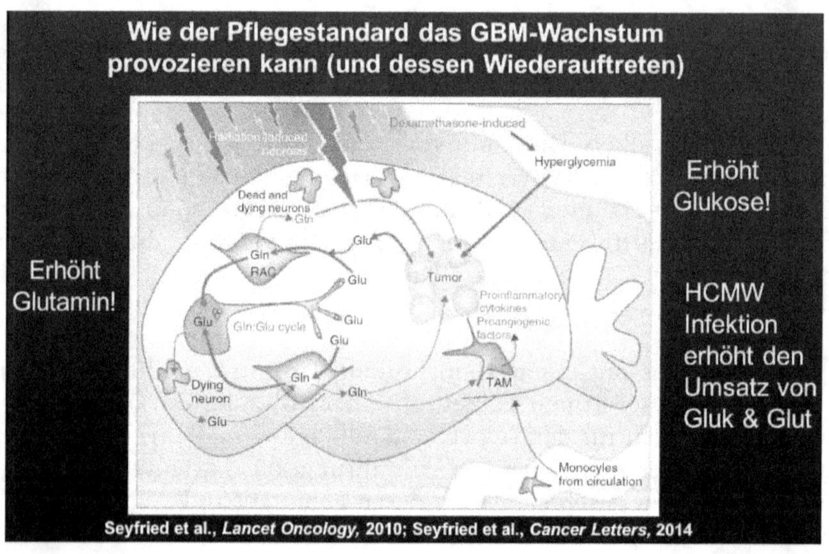

Glutamat ist ein Neurotransmitter, der stimulierend wirkt. Durch die Operation und die Wundenentstehung wird Glutamat jetzt an die Oberfläche befördert und stimuliert die Neuronen viel mehr als es üblicherweise geschieht. Diese überstimulierten Neuronen gehen dadurch zu Grunde und wir kriegen einen Haufen toter, nekrotischer Zellen.

Als Gegenmaßnahme wird nun die Produktion von Astrozyten hochreguliert, die das Glutamat abbauen sollen - und was kommt dabei heraus? Glutamin!

Die Krebszellen, die bei der Operation nicht entfernt wurden, fangen jetzt natürlich damit an, das jetzt reichlich vorhandene Glutamin als Brennstoff herzunehmen! Das geschieht nicht nur aufgrund der chirurgischen Wunde, sondern auch die Bestrahlung trägt dazu bei, dass ohne Ende Glutamin entsteht. Wir haben jetzt also zwei Verursacher, die den Level an Glutamin an der operierten Stelle massiv erhöhen. Wie bereits erwähnt ist aber Glutamin einer der Hauptenergieträger der Krebszelle, und nun wächst der Krebs mit diesem neuen Vorrat stärker als je zuvor!

Aber das ist noch nicht alles: Wenn man jemandem den Großteil des Tumor chirurgisch entfernt und ihm hinterher noch Strahlentherapie dazugibt, dann schwillt der Kopf an, das Gehirn besser gesagt. Das hat eine starke Temperaturerhöhung zur Folge und Flüssigkeitsansammlungen, Ödeme. Was geben die Ärzte jetzt dem Patienten, um diese Ödeme in den Griff zu kriegen? Steroide in hohen Dosen.

Aber was machen diese Steroide im Stoffwechsel des Patienten? Sie erhöhen den Blutzucker, sie verursachen Hyperglykämie. So sieht's aus! Steroide erhöhen den Zucker im Blut, die Glukose.

Insgesamt wird also durch die Behandlung des Patienten genau das verursacht, was man bei Krebs auf gar keinen Fall machen sollte: Man erhöht die Verfügbarkeit von Glutamin und Glukose. Die Behandlung macht alles noch viel schlimmer, nicht besser! Dass das der Wahrheit entspricht, sehen wir an den Todesraten bei Glioblastom, dazu komme ich gleich noch.

Als wenn das noch nicht genug wäre haben 90% aller Gehirnkrebszellen eine Infektion mit dem sogenannten Speicheldrüsenvirus - der die Krebszellen noch stärker in die Lage versetzt, Glukose und Glutamin herzunehmen. Ein Turbolader für deren Wachstum sozusagen.

Diese Stoffwechselgrafik von oben habe ich damals in der Fachzeitschrift *Lancet Oncology* veröffentlicht. Im dazugehörigen Artikel habe ich hervorgehoben, dass der **Pflegestandard** [/ medizinischer Behandlungsstandard / Regelstandard; *standard of care*] den wir bei Gehirnkrebs anwenden, dazu beiträgt, dass der Krebs neu entfacht wird und dann mit enormer Geschwindigkeit weiterwächst. Das sind nun mal die biochemischen Fakten, die Behandlung macht die Patienten kränker als vorher!

Ein Wunder, dass ich dieses Paper überhaupt veröffentlichen durfte. Aber: Was glaubt ihr, wie die Reaktion der anderen Krebswissenschaftler war? Wie gehabt - die wollen davon nichts wissen und nichts davon hören. Das große Schweigen.

Okay, schauen wir mal meine Hypothese an und nehmen sie unter die Lupe. Hier seht ihr, wie es den Leuten mit Hirnkrebs ergeht, die nach den Vorgaben des Pflegestandards behandelt wurden:

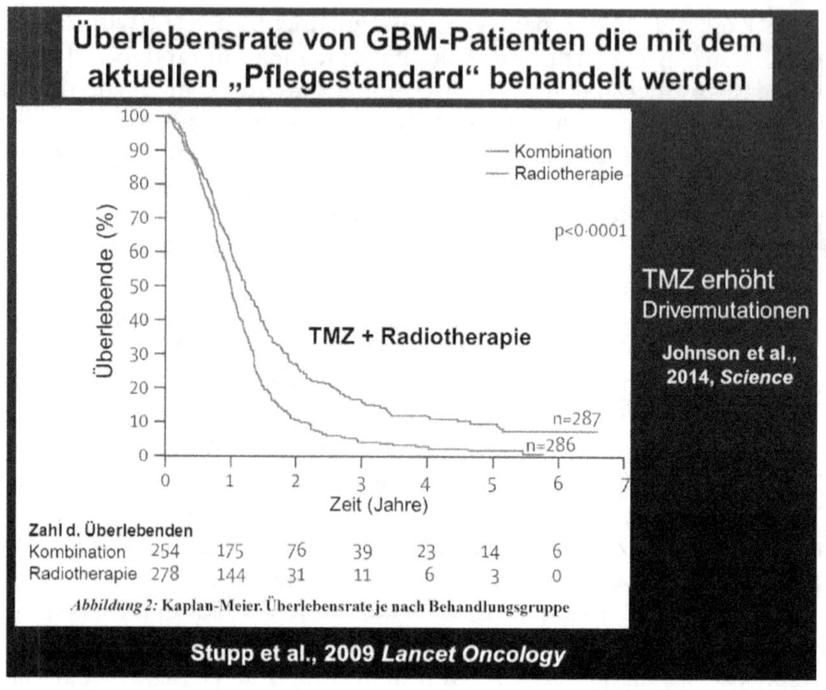

Abbildung 2: Kaplan-Meier. Überlebensrate je nach Behandlungsgruppe

Hier haben wir 2 verschiedene Graphen: Die untere, die rote Linie zeigt die Leute an, die bei Glioblastom Bestrahlung bekommen haben. Die obere, die blaue Linie zeigt die Patienten an, die zusätzlich zur Strahlentherapie noch ein Medikament bekommen haben. Ein ziemlich giftiges Medikament, das als Alkylierungsmittel wirkt, namens Temozolomid [TMZ].

Wie wir sehen, erhöht Temozolomid die Überlebenschancen - aber auch nur minimal. Als diese Ergebnisse damals vorgestellt wurden, war ich live dabei. Es wurde gesagt, dass Temozolomid der "größte Quantensprung der Glioblastombehandlung" wäre, den es seit 50 Jahren gab. Wahnsinn, oder? Der größte Fortschritt im Bereich Gehirntumor, das war die Schlagzeile der Konferenz!

Seht euch mal ganz genau an, was die untere, rote Linie anzeigt, die Zahlen stehen ja darunter. Was ist der Wert? Wie viele von denen, die 'lediglich' bestrahlt wurden haben überlebt? Null! Gar keiner! Diese Ergebnisse waren nicht nur bei dieser Medikamentenstudie zu beobachten, diese Werte kriegen wir bei jeder Studie aus der ganzen Welt, wieder und wieder. Kein Mensch überlebt!

Nichts ist sicherer, als dass Pa- tienten, die bei einem Gehirntumor bestrahlt werden, am Schluss draufgehen. Tut mir leid wegen der Ausdrucksweise, aber das muss so gesagt werden.

Nun gut, Teil 2: Wir bestrahlen die Leute und geben ihnen dann noch Temozolomid dazu. Wie viele überleben? Statt 0 sind es jetzt 6 Leute [von 254 Patienten; 2,3%]. Also scheint TMZ doch etwas zu bewirken, "Hey, hier haben wir was, das wirkt!" Ja schön, wir kriegen ein paar Überlebende, das stimmt schon.

Ich habe also damals mit meinen Studenten gegrübelt um herauszufinden, was genau der Mechanismus dahinter sein könnte, dass dieses Medikament wirkt. Was war das Ergebnis? Die Nebenwirkungen von Temozolomid lauten wie folgt: Durchfall, Erbrechen, allgemeine Übelkeit und Erschöpfung. Aha! Diese Dinge sind alles... indirekte Formen einer Kalorienreduktion! Warum? Weil die Leute nichts essen, wenn es ihnen hundsmiserabel geht, ist doch klar!

Wir haben also ein Paper erstellt, welches sich mit diesen Ergebnissen beschäftigte. Unser Standpunkt war: Wir glauben, dass dieser kleine Ausschlag in der Überlebensrate mit TMZ daran liegt, dass die Leute indirekt ihre Kalorienzufuhr einschränkten. Na, hat diese Hypothese dann auch irgendwer getestet, hinterher? Was glaubt ihr? Natürlich keiner!

Es ist außerdem auch so, dass TMZ diese Driver-Mutationen erhöht. Komisch, oder? Wenn die Mutationen vermehrt auftreten - sollte man nicht meinen, dass diese Medikament die Tumore noch schneller wachsen lässt? Das können wir aber nicht beobachten. Soviel zum Thema "genetisch verursacht"... naja.

Dann geben wir dieser Sache mal ein Gesicht. Hier ein konkreter Fall, der gar nicht so lange her ist:

Das hier ist Brittany Maynard. Sie war eine junge Frau aus Kalifornien. Im Januar 2014 wurde bei ihr ein Gehirntumor festgestellt. Erst war der Tumor noch von geringem Ausmaß und ist nicht allzu schnell wachsend. Tja, aber dann, ca. 1 Monat nach der Operation, ist aus diesem Tumor ein ausgewachsenes Glioblastom geworden, sehr viel aggressiver und größer.

Daraufhin wurde sie mit dem Pflegestandard behandelt. Unter anderen wurden ihr auch heftige Steroide verschrieben, in hohen Dosen. Wie ihr seht haben diese Mittel auch Auswirkungen auf das Erscheinungsbild. Auf dem rechten Photo sieht sie ganz anders aus als auf dem linken, auf dem sie gerade geheiratet hat. Diese Anschwellen des Gesichts nennen wir "Moonface", von den völlig übertrieben Steroiden.

Sie hatte aber auf die gravierende Behandlung schnell keine Lust mehr und sagte den Ärzten "Ich mach das nicht länger mit! Und tschüss!" Sie hat also die Behandlung abgebrochen und ist nach Oregon gegangen - um dort, im Kreise ihrer Familie, in Würde zu sterben. Sie hat das Handtuch geworfen, so war das!

Dann haben die Leute vom *People Magazin* einen Mordsartikel herausgebracht und über ihre Entscheidung berichtet, dass sie sich zum Freitod entschieden hatte. In diesem Artikel ging's nur darum, dass es doch moralisch vertretbar wäre, sich für den eigenen Tod zu entscheiden. Kein Problem. Ein "würdevoller Tod", und so weiter.

Was aber nicht in dem Artikel drin stand, war, dass unser toller "Pflege-"Standard sie überhaupt erst in diese Position manövriert hatte. Darüber stand nichts drin, dass die Behandlung der Ärzte ein miserabler Fehlschlag war!

Was sagt das bitte über unser Gesundheitssystem aus, wenn sich die Patienten lieber umbringen, als sich weiter von den Ärzten behandeln zu lassen? Ein Armutszeugnis!!

Hier haben wir einen anderen Fall:

Das ist Pablo Kelly. Zur Zeit seiner Diagnose war er im gleichen Alter wie Brittany, ungefähr 28. Bei ihm wurde im August 2014 ebenfalls Gehirnkrebs diagnostiziert. Nach seiner Diagnose hat er mir damals eine Email geschrieben und gefragt, ob ich ihm helfen könne. "Ich will keine Medikamente nehmen, auf Chemotherapie und Bestrahlung hab' ich auch keine Lust!"

Also habe ich ihm ihm die Infos zukommen lassen, die ich auch den anderen Krebspatienten gebe, wenn sie mir wegen ihrer Krankheit schreiben. Ich sagte zu ihm "Hey Pablo, diese Dinge solltest du auf jeden Fall in Erwägung ziehen!" Er wollte ja keine Behandlung der Ärzte, aber irgendwas musste er ja tun. "Das was die Ärzte mir vorschlagen, das mach' ich auf keinen Fall" sagte er. Ein junger Kerl aus Devon, England.

"Okay gut, dann mach' ich das so, wie sie es vorschlagen, Dr. Seyfried." Ich schickte ihm die Informationen und dann habe ich erstmal nichts von ihm gehört. Ungefähr eineinhalb Jahre lang. Auf einmal kriege ich einen Brief... von Pablo! Pablo war immer noch am Leben!

Wie er das genau hingekriegt hat, hat er unter anderem in einem YouTube Video beschrieben. Da berichtet er wie er das mit der ketogenen Ernährung und dem Drumherum hinbekommen hat.

Naja, in dem Brief stand auf jeden Fall drin, dass sein Tumor jetzt chirurgisch entfernt werden könne. Vor seiner Eigenbehandlung war dieser nämlich noch inoperabel gewesen. Er hat mich also gefragt was ich davon halte.

Ich habe ihm zurückgeschrieben "Anscheinend hast du den Tumor schon sehr stark schrumpfen können. Es wäre wohl am besten, wenn du ihn jetzt rausoperieren lässt!" Das hat er dann auch getan, er hat sich operieren lassen. Das war Anfang diesen Jahres.

Er hat seitdem zwar ein paar Anfälle gehabt, aber sonst geht es ihm gut. Er hat eine ziemlich gute Lebensqualität und das nur, weil er auf die Chemiekeule verzichtet hat. Seine Frau hat kürzlich erst ein Baby bekommen, und... er lebt immer noch! Pablo ist immer noch am Leben und kann sich seines Lebens auch erfreuen! Von der Lebensqualität der Krebspatienten spricht immer keiner, aber das ist auch ein wichtiger Faktor.

Um die Ernährungsplanung der Krebspatienten zu erleichtern haben wir vor Kurzem den sogenannten "Glukose Ketonkörper Index Kalkulator" entwickelt [GKI]. Mit diesem Richtwert können wir Patienten dabei unterstützen, ihre ketogene Ernährung besser zu überwachen.

Aber damit das Wachstum des Tumors zunächst gestoppt werden kann, **muss man erst mal in Ketose kommen!** Das ist der erste und auch der wichtigste Schritt.

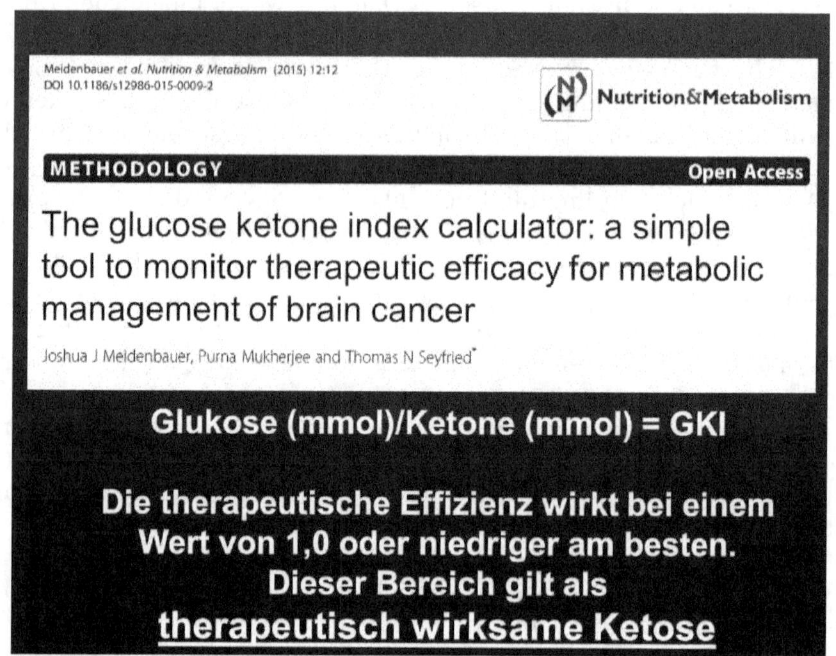

Meidenbauer *et al. Nutrition & Metabolism* (2015) 12:12
DOI 10.1186/s12986-015-0009-2

Nutrition&Metabolism

METHODOLOGY   Open Access

The glucose ketone index calculator: a simple tool to monitor therapeutic efficacy for metabolic management of brain cancer

Joshua J Meidenbauer, Purna Mukherjee and Thomas N Seyfried

Was der Index, der GKI dann beziffert ist das Verhältnis von Ketonkörpern zu Glukose im Blut. Genauer gesagt bemessen wir den Blutzucker und auch die Ketone in mmol. Das können die Patienten mittels einer dieser neuartigen Messinstrumente machen, zum Beispiel mit dem *Precision Extra* oder dem *Keto-Mojo*. Die sind mittlerweile ziemlich zuverlässig, wir haben diese Instrumente mit den Laborwerte verglichen. Das Ziel ist, einen Wert von 1 zu erreichen, d.h. genau so viel Glukose im Blut zu haben wie Ketone. Der Blutzucker muss also so tief wie möglich - und die Ketone so hoch wie möglich.

Mit diesem Wert des GKI können die Erkrankten dann das Wachstums des Tumors zuverlässig vermindern, wenn nicht sogar ganz stoppen. Natürlich kann man die beiden Werte auch einzeln messen und angeben, aber mit diesem Verhältnis braucht man nur noch einen Wert - und das Ziel ist 1, ziemlich einfach.

Um Gehirntumor besser erforschen zu können, haben wir wie bereits erwähnt in unserem Laboratorium auch Modelle ausgetüftelt, mit denen wir Gliome analysieren können. Diese Modelle werden zwar an Gehirnen von Mäusen getestet, sind aber dennoch die zuverlässigsten Modelle die die Krebsforschung zu bieten hat. Extrem zuverlässig und auch von anderen Forschern einfach nachzubilden.

Hier haben wir ein Beispiel dafür, wie die ketogene Ernährung bei diesem anerkannten Mausmodell wirkt. Der Art des Gehirntumors trägt die Bezeichnung VM-M3:

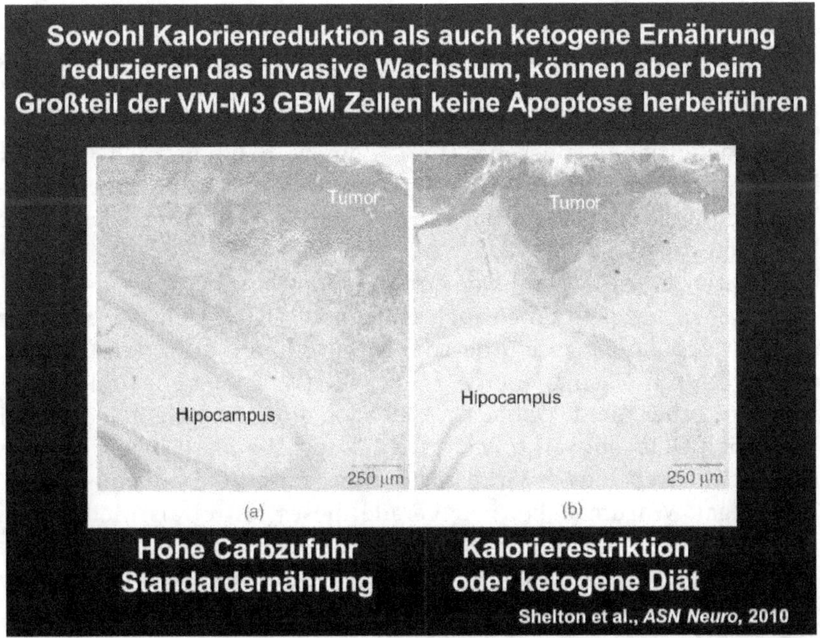

Diese Studie ist von 2010, hier haben wir erst nur die Glukose in die Zange genommen:

Links sehen wir, was passiert, wenn die Mäuse mit der Standarddiät gefüttert werden - das heißt viele Kohlenhydrate und keine Kalorien-einschränkung. Der Tumor dringt genau so in die noch gesunden Teile des Gewebes ein, wie es auch beim Menschen zu beobachten ist. Ein sehr aggressiver Tumor, zweifelsohne.

Auf der rechten Seite haben wir den gleichen Tumor, nur diesmal haben wir die Mäuse kalorienreduziert bzw. ketogen fressen lassen. Die Tumore haben sich im Vergleich enorm zurückgezogen... den Tumorzellen haben wir's ordentlich gezeigt, würde ich mal sagen!

Wie deutlich zu erkennen ist, wurde die Invasion radikal gestoppt, im Vergleich zum linken Tumor sind die Krebszellen deutlich auf einen Bereich beschränkt. Zugegeben, die Tumorzellen sind nicht abgestorben und manche wuchsen auch immer noch weiter.

Wir haben alles probiert, um diese Tumore auszurotten. Wir haben die Mäuse fasten lassen, den Blutzucker nach unten gebracht, die Ketone nach oben... aber diese verdammten Krebszellen wollten einfach nicht sterben.

Unter uns: Beim Menschen funktionieren diese Maßnahmen viel besser als bei den Mäusen. Keine Ahnung warum das so ist. Tumore bei Menschen ziehen sich noch schneller zurück als bei den Mäusen.

Wenn euch also einer weißmachen will "Ja ja, Mäuse kann man problemlos heilen!" - dann hat der keine Ahnung von der Materie. Bei Mäusen haut das mit dem Heilen von Gehirnkrebs schlecht hin. Krebs bei Mäusen zu heilen ist ziemlich aussichtslos, an sich genauso aussichtslos wie beim Menschen. Die Problematiken sind exakt die selben!

Dann sind wir darauf gekommen, dass diese Tumor noch eine zweite Energiequelle haben müssen. "Diese Tumore nehmen auch Glutamin her. Sie können nicht nur Zucker fermentieren, sondern auch Glutamin!" dachte ich mir. Dann haben wir diese Theorie an diesem Mäuse-modell getestet.

Das Mittel unserer Wahl war ein Molekül namens 6-Diazo-5-oxo-L-norleucin, wir bezeichnen es auch einfach als DON. DON ist ein altbekanntes Medikament, es wurde vor Jahren schon mal in der Krebsthe-rapie angetestet. Bei manchen Arten von Krebs hat es gut funktioniert, bei anderen eher nicht. Damals gab es auch einige Probleme damit, wie toxisch sich DON auswirkt. Aber, wie gesagt: Die klassische Chemo ist auch hochtoxisch - und wirkt auf den gesamten Organismus!

Aber egal. Warum haben wir gerade dieses Mittel als Medikament eingesetzt? Ganz einfach: DON unterbindet den Glutaminstoffwechsel in der Zelle. Also haben wir DON bei den Gehirntumoren bei den Mäusen getestet.

Der Versuchsaufbau war, dass wir die Gehirntumore bei den Mäusen erst mal ein paar Tage wachsen lassen, damit wir auch eindeutig sehen können, ob die Gabe des DON irgendeine Auswirkung hat. Nach diesem Zeitraum haben wir dann die Mäuse in 3 Gruppen aufgeteilt:

- Eine Gruppe mit der Standarderhährung, ohne Kalorieneinschränkung [SE-UE]
- eine Gruppe mit mit eingeschränkter Kalorienzufuhr [KE-E], und
- eine Gruppe, die zusätzlich zur Kalorienreduktion noch das DON verabreicht bekam:

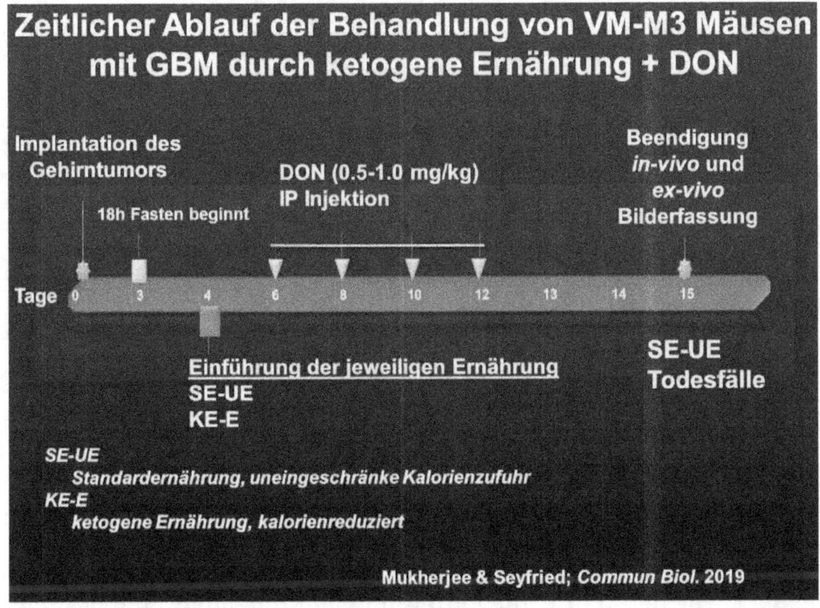

Die Gabe von DON haben wir aber nicht kontinuierlich durchgeführt, sondern etappenweise. Hier sehen wir, wie wir das genau gemacht haben: Am vierten Tag haben wir mit der modifizierten Diät angefangen und an Tag 6, 8, 10 und 12 - also jeden zweiten Tag - haben die Mäuse in der dritten Gruppe zusätzlich DON bekommen. Zusätzlich zur ketogenen Ernährung.

Wir mussten das Experiment aber leider schon am 15. Tag beenden. Warum? Weil die Mäuse, die keine Kalorieneinschränkung hatten, die SE-UE Mäuse, zu sterben begannen. Deren Tumore wuchsen so dermaßen schnell, dass nach 2 Wochen schon Schluss war! Auch das ist wieder mal ein klares Zeichen dafür, was eine kohlenhydratreiche Ernährung bei einem Gehirntumor für Folgen hat.

Okay, wir haben dann also nach 15 Tagen abgebrochen und uns die Gehirne der Mäuse unter einer Biolumineszenz-Xenogenmaschine ganz genau angesehen. Mit Luziferin sahen dann die Gehirne in einer Petrischale so aus:

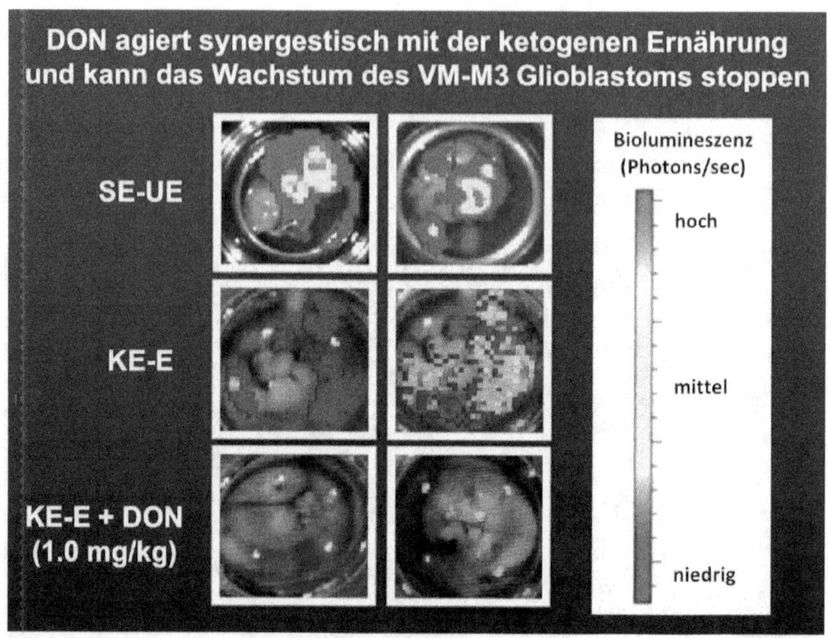

Die Intensität der Lichtstrahlung verrät einem, wie viele Tumorzellen in dem Gewebe noch leben. So konnten wir genau feststellen bei welcher Gruppe noch am meisten Tumorzellen vorhanden waren.

Die Gehirne der oberen Kohorte zeigten beispielsweise einen Haufen helle Lichter - viel rot und gelb kann man dort beobachten. Das sind die Hirne der Mäuse, die Futter mit viel Kohlenhydraten bekamen. Bei diesen Mäusen waren die Tumore hochaktiv und teilten sich wie verrückt. Das wurde mittlerweile auch bei vielen anderen Studien bestätigt.

Darunter haben wir die Mäuse mit der Ketodiät. Wie man sehen kann, sind auch ebenfalls noch ein Haufen Tumorzellen am Leben, wenn auch schon bedeutend weniger wie bei der ersten Gruppe. Wir konnten diese Mäuse mit der Ernährung allein nicht heilen, leider. Die Tumorzellen sind zwar nicht so stark ins Nachbargewebe eingedrungen, aber dennoch. Für diese geringere Invasion haben wir auch Belege, das kommt noch.

Aber ganz unten, die Gruppe mit dem DON, dem Glutamin-Hemmstoff - auch mit der kalorienreduzierten Ernährung. Was ist hier passiert? Kein Licht! Wir konnten kein Licht erkennen! Der Tumor war weg, die Tumorzellen tot. Und diesen Aufbau haben wir mehrfach wiederholt, mit den gleichen Ergebnissen.

Um das zu verdeutlichen, habe ich die Ergebnisse in ein Balkendiagramm gepackt, mit den Werten der einzelnen Mäuse:

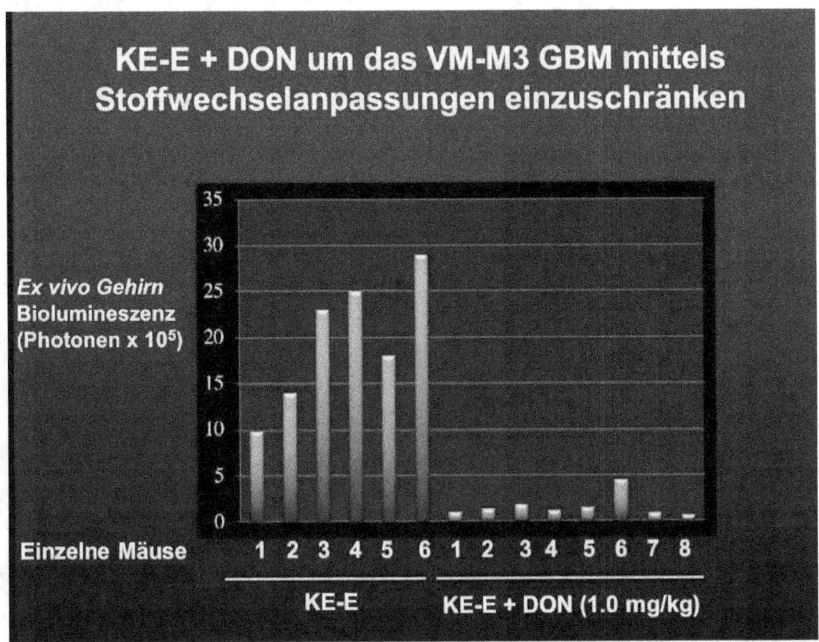

Die Mäuse 1 bis 6 waren diejenigen, die nur mit ketogen ernährt wurden [KE-E] - die auf der rechten Seite, die Nummern 1-8, waren in der Gruppe die zusätzlich noch das DON bekommen hatten. Die kleinen Balken bei 1-8 sind die Hintergrundstrahlung der Maschine selbst, die könnt ihr euch also wegdenken. Diese Mäuse haben wir also alle kuriert - bis auf eine, bei der waren noch einige Tumorzellen am Leben. *[In einem anderen Vortrag sagte Dr. Seyfried zusätzlich, dass genau bei dieser Maus einmal das DON nicht gegeben wurde]*.

Aber, im Großen und Ganzen, war das ein Erfolg auf ganzer Linie. Wir haben das Licht, das Kennmerkmal der Tumoraktivität, völlig zum Versiegen gebracht. Wir haben die Tumore diese Mäuse besiegt, und zwar mit der Kombination der kalorienreduzierten Ernährung und dem DON!

Wenn man nur das DON gibt, wirkt es zwar auch, das haben wir in anderen Experimenten gesehen... aber erst im Verbund mit der Ernährung haben wir den größten Erfolg verbucht, das meiste Licht ausgeschaltet. Die beiden wirken perfekt in Harmonie: Glukose runter, Ketone hoch - und die Minimierung der Glutaminverfügbarkeit.

Trotzdem mussten wir dann auch die Histologie durchführen, also die Gehirne sezieren und uns die Biopsien unter dem Mikroskop ansehen. Nur so kann man objektiv nachweisen, was geschehen ist. Was war also in dem Gewebe genau passiert, auf zellulärer Ebene?

Auch hier haben wir 3 verschiedene Ergebnisse, je nach dem Versuchsaufbau. Links die Standarddiät, in der Mitte die Ketodiät und rechts Keto mit dem DON:

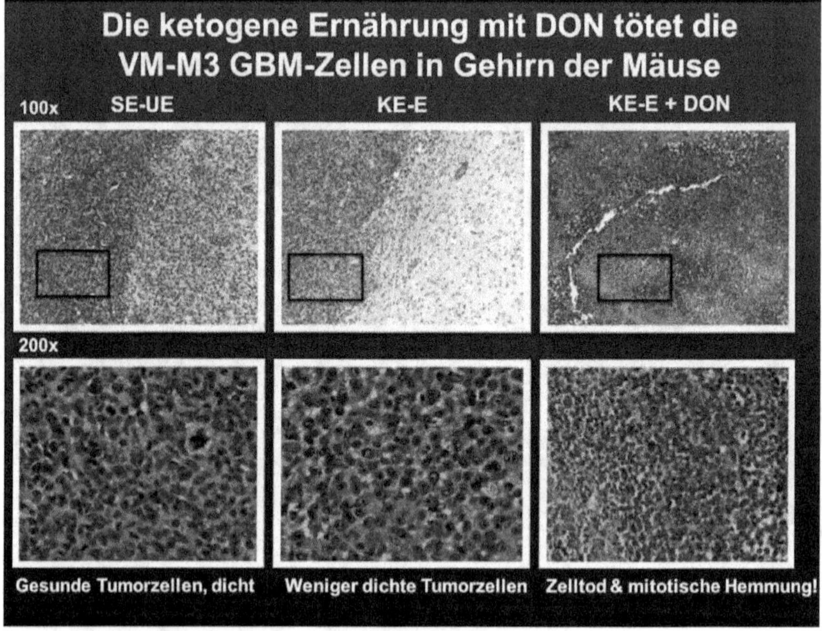

Auf den linken Seite kann man eindeutig sehen, wie dicht diese Krebszellen gepackt sind. Die teilen und teilen sich, die sind fast schon übereinander gestapelt, so schnell wächst dieser Tumor. Dichtgepackte Krebszellen. So was kommt dabei raus, wenn man sich ernährt wie es einem empfohlen wird und dabei seinen Blutzucker ständig in die Höhe treibt.

In der Mitte sieht es schon ein wenig anders aus: Die ketogene Ernährung hat dazu geführt, dass die Invasion der Tumorzellen deutlich eingeschränkt war. Der weiße Bereich, die gesunden Zellen wurden deutlich weniger angegriffen. Außerdem sind diese beiden Bereiche noch gut voneinander zu unterscheiden, die Invasion wurde eindrücklich unterbunden. Die Krebszellen sind auch weiter voneinander entfernt und nicht so dicht gepackt, wie bei der Standardernährung. Trotzdem wächst dieser Tumor immer noch, wenn auch langsamer.

Auf der rechten Seite haben wir schließlich die Behandlung mit dem Medikament, mit DON: Und was ist hier passiert? Hinüber! Die Krebszellen sind alle tot, abgestorben! Mit unserer Behandlung haben wir den Krebs über den Jordan geschickt, wenn ich das mal so sagen darf. Das stimmt genau mit den Ergebnissen von vorher überein, als wir die Tumorzellen noch in Summe mit dem Lichtapparat betrachtet hatten. In diesen Tumoren haben wir ganze Arbeit geleistet!

Basierend auf unseren Erfahrungen mit Mäusen haben wir dann die sogenannte "Press-Puls Strategie" entwickelt, um auch beim Menschen Krebserkrankungen besser behandeln zu können:

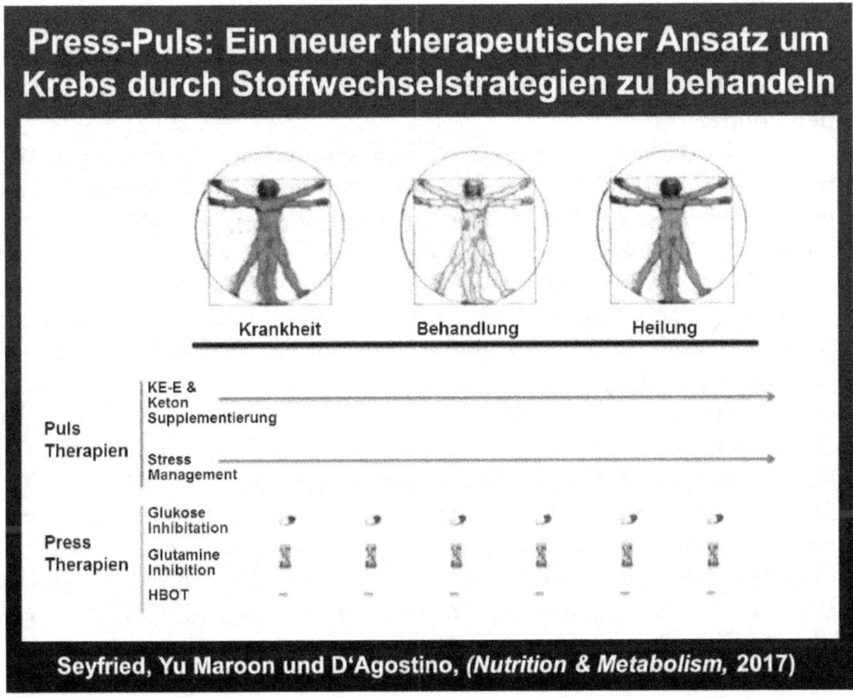

Diese Strategie habe ich zusammen mit Dr. Dominic D'Agostino, Joe Maroon und George Yu entwickelt. Joe ist ein Neurochirurg und George ist ein Onkologe.

Im Grunde genommen ist dieser Therapieansatz folgender: Innerhalb der "Press-" Behandlung setzen wir die Leute einerseits auf eine ketogene Diät, mit Kalorieneinschränkung, supplementieren eventuell mit künstlichen Ketonen - und andererseits setzen wir Strategien ein, die das Stressniveau senken sollen.

Ja Leute, wenn der Patient erfährt, dass er Krebs hat, dann nimmt das denjenigen ganz schön mit. Das verursacht einen Haufen Stress. Ist doch klar, oder? Urplötzlich hat der Krebskranke ein tiefsitzendes Gefühl des baldigen Todes vor sich, "Ich werde sterben!" Dieses vernichtende Gefühl verursacht Stress, den man sich nicht vorstellen kann. Und zu was führt Stress? Es erhöht den Blutzucker, da das Stresshormon Kortisol steigt!

Um diesen hormonell erhöhten Blutzucker in den Griff zu bekommen haben wir auch Maßnahmen im Katalog, die das Stressniveau senken. Wir verwenden beispielsweise Bewegungstherapie und Musiktherapie, auch Yoga ist mit dabei. Was auch im jeweiligen Fall am besten dazu geeignet ist, den Stress des Patienten runterzufahren.

Die Ernährung ist wie gesagt innerhalb der "Press-"Behandlung, die durchgängig stattfindet. Mittels dieser Ernährungsweise können wir die Verfügbarkeit des Zuckers kontrollieren und senken das Niveau der Glukose drastisch nach unten - während wir gleichzeitig die Produktion von Ketonen nach oben fahren, die die Krebszellen nicht verwenden können.

Sobald wir den Patienten in Ketose gebracht haben und das Stressniveau im Griff haben, wenden wir uns den "Pulse-" Strategien zu - diese werden in einzelnen Schüben angewandt. Dann geben wir dem Patienten zum Beispiel Medikamente wie 2-Deoxy-D-Glucose und andere Mittel, die die Insulinausschüttung beeinflussen.

Und natürlich glutaminhemmende Stoffe wie EGCG [Extrakt von grünem Tee] und Chloroquin, das ist ein antientzündliches Mittel. Wir würden ergänzend auch gerne beim Menschen das DON verwenden, das bei den Mäusen so toll funktioniert hat, und noch andere Mittel.

Ein weiteres Werkzeug um dem Krebs Einhalt zu gebieten ist die hyperbare Sauerstofftherapie [hyperbaric oxygen chamber, HBOT]. Diese Sauerstofftherapie ist dazu in der Lage, Krebszellen abzutöten, genau so effektiv wie Strahlentherapie - ohne dabei toxisch zu wirken! Aber der erste Schritt ist wie gesagt, die Glukose zu vermindern und den Patienten in Ketose zu bringen, dann muss man sich natürlich auch um das Glutamin kümmern.

Mit dieser umfassenden Strategie können wir den kompletten Pflegestandard neu aufrollen und die alten, giftigen Behandlungsmethoden durch ungiftige ersetzen. Im Laufe der unserer Therapie wird der Patient langsam aber sicher von einem Status der Krankheit zu einem Status der kontrollierenden Behandlung überführt [managed state]. Zuguterletzt, wenn alles funktioniert, können wir auf Dauer und nach mehreren Einheiten der Pulse-Therapien den Patienten von seinem Krebs heilen - alles mit Hilfe dieser Strategien, die hauptsächlich an dem Stoffwechsel der Krebszelle ansetzen.

Jetzt fragt ihr euch sicher, ob das Ganze auch wirklich funktioniert, richtig? Wo sind die Ergebnisse? Leider ist das mit der Forschung aber nicht so einfach... Ich kann euch aktuell nur wenige offizielle Fallstudien mit unserer Methode mivorstellen.

Die erste hier handelt von enem Krebspatienten aus Ägypten mit einem Glioblastom. Wir können solche Studien in den USA nicht durchführen, auch in Großbritannien nicht. Warum?

Weil uns dieser Pflegestandard ausnahmslos dazu verpflichtet, alle Regeln die darin stehen auch einzuhalten.

Die Überlebensrate dieses tollen Standards haben wir ja bereits besprochen.

Naja, lassen wir das erstmal. Wir sind also nach Ägypten, die Ärzte dort hatten unsere Bücher und unsere Studien gelesen und waren sehr daran interessiert, diese Methodik auch in der Praxis zu testen. Sie sind auf mich zugekommen und haben mich gefragt, ob ich ihnen dabei helfen könne, die Studie ordentlich zu entwerfen und auch alles nach wissenschaftlichen Standards zu protokollieren. Es ist ja so, dass behandelnde Ärzte nicht unbedingt wissen, wie man ein Paper schreibt, aber ich bin ja Wissenschaftler in diesem Bereich und Studien anzufertigen ist mein täglich Brot.

Ich war natürlich auch sehr daran interessiert diese Studie in Gang zu bringen - also haben wir ein Protokoll entworfen, wie wir vorgehen wollten. Wir haben uns auch darauf geeinigt, wie wir die Ergebnisse sammeln, auswerten und präsentieren.

Hier der Titel: "Behandlung eines Patienten mit Glioblastom mit Hilfe einer ketogenen Stoffwechseltherapie, kombiniert mit einem modifiziertem Pflegestandard" Ja, den Pflegestandard zu modifizieren, zu

ändern, das ist uns in den USA nicht erlaubt! Die zuständige Behörde schiebt uns da einen Riegel vor, **selbst bei der Forschung!** Hoffentlich ändert sich das mal.

Das hier ist die gesamte Studienübersicht:

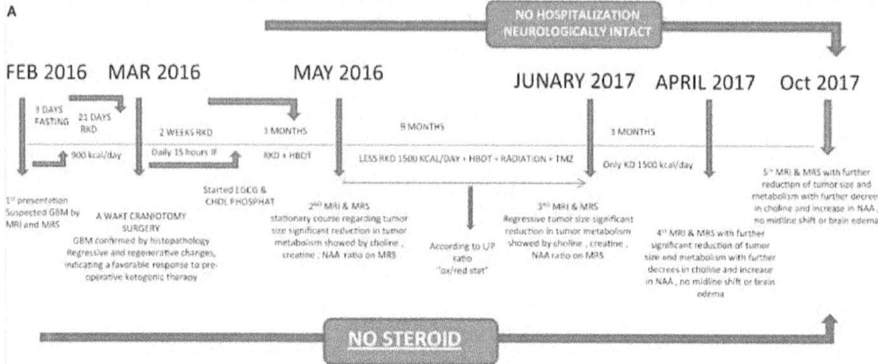

Der Patient, den die Ärzte aus Ägypten ausgesucht hatten, war schon in einem ziemlich schlechtem Zustand. Die linke Seite seines Körper konnte er nur noch mit Mühe bewegen, normales Laufen machte ihm schon zu schaffen. Sein Stoffwechsel war ebenfalls schwer lädiert, er hatte schon Anzeichen eines baldigen Diabetes, einen niedrigen Vitamin-D Status und noch weitere Beschwerden. Ganz davon zu schweigen, dass er einen Gehirntumor hatte!

Dr. Elsakka und ich haben erstmal folgendes gemacht: Wir haben ihn 3 Tage fasten lassen, reines Wasserfasten mit Salz. Keine Nahrung. Anschließend haben wir ihn auf eine Diät mit 900 Kalorien täglich gesetzt, strikt ketogen. [Das Anfangsgewicht des Patienten war 68 kg laut Studie] Diese Diät hat er dann 21 Tage durchgezogen. Das haben wir vor jeglicher medizinischer Behandlung getan! Der Patient war 3 Wochen nur auf dieser Diät, wir haben ihn sonst nicht angefasst!

Dann haben wir eine Kraniotomie gemacht. Aber: Der Tumor hat zu diesem Zeitpunkt schon anders ausgesehen, wir haben den Großteil des Tumors schon schrumpfen können! Die Morphologie hat sich eindeutig geändert - die Ernährung hat die Krebszellen und deren Wachstum reduziert.

Dann haben wir den Patienten 3 Monate lang nach den Grundsätzen der Press-Puls Strategie behandelt. Wir haben ihm Chloroquin gegeben, ECGC, dann noch die hyberbare Sauerstofftherapie... Dann mussten wir aber schließlich doch die Maßnahmen aus dem Pflegestandard-Katalog mit hineinbringen, da kommt man nicht drumrum. Wir sind dazu verpflichtet!

Also wurde der Patient zusätzlich noch bestrahlt und mit Chemo therapiert, dennoch haben wir mit der Diät und dem Sauerstoff weitergemacht. Wie ihr an der Verlaufsgrafik seht, hat das Ganze noch mehrere 3 Monatseinheiten stattgefunden.

Und das Ergebnis? Nach 24 Monaten der Studie geht es dem Patienten wieder viel besser, er hat überlebt! Er ist ein Landwirt und baut Mais an. Das heißt er arbeitet wieder auf dem Feld.

Mittlerweile haben wir aber schon 30 Monate hinter uns... und, ja, er lebt immer noch. Ich habe letztens erst Dr. Elsakka gefragt,

"Wie sieht's denn mit dem Patienten aus, dem Landwirt?"

"Ach, dem geht's gut!"

Er hat aber dann doch aufgrund der Strahlentherapie ein Gehirnödem bekommen, was uns wirklich wahnsinnig gegen den Strich geht. Man bestrahlt das menschliche Gehirn nicht, unter keinen Umständen! Was soll denn das? Ich kapier' das nicht, das macht mich fertig!

All diese armen Patienten denen sie das antun, ständig muss ich mich mit den behandelnden Ärzten auseinandersetzen:

"Was soll das denn, warum bestrahlt ihr die Leute?" "Naja, wir müssen schließlich die Tumorzellen abtöten..."

"Nehmt dem Krebs einfach die Glukose und das Glutamin weg! Die Ergebnisse sind die gleichen, aber ohne Komplikationen!" Mein Gott...

Hier nochmal eine Verlaufsgrafik und darunter ein paar Abbildungen, was unsere Behandlung für eine Wirkung auf den Tumor hatte. Hier erst noch der GKI-Verlauf:

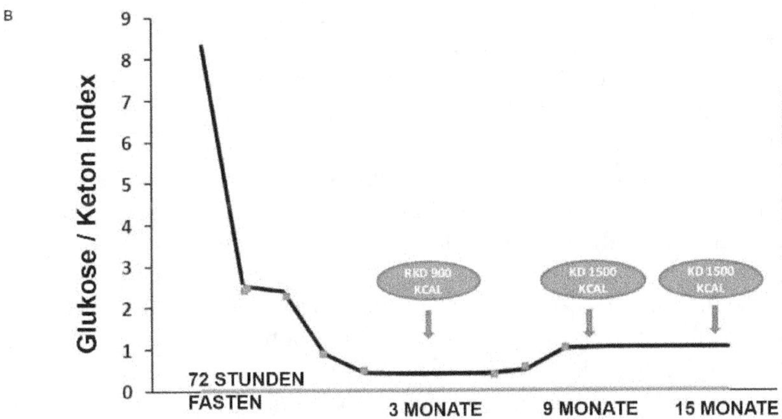

Den GKI, den Glukose-Keton-Index haben wir schön nach unten gebracht. Mit einer ketogenen Ernährung im Kaloriendefizit ist das nicht allzu schwer.

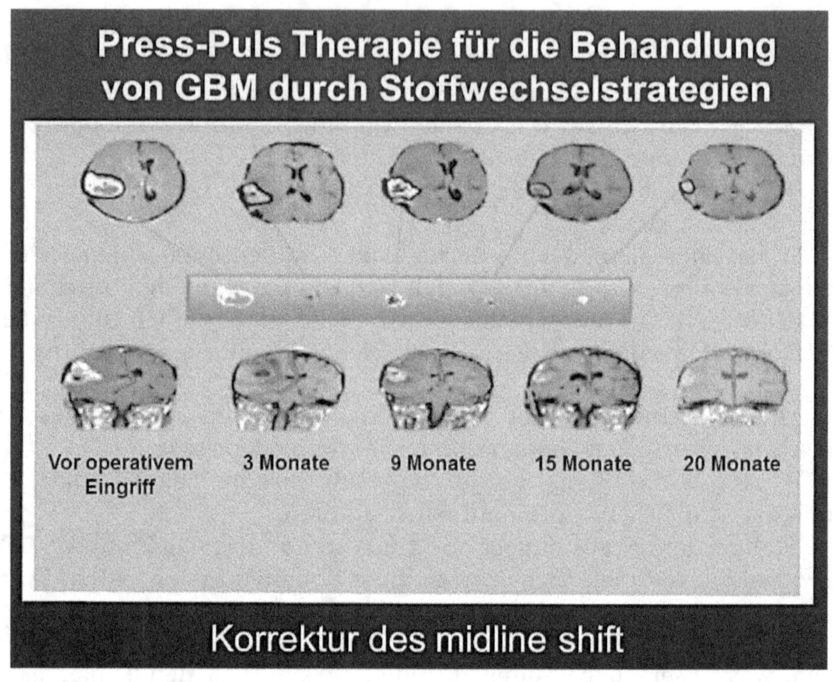

An dieser Abbildung kann man folgendes erkennen: Im Gehirn sehen wir diese rote Linie und vorne befindet sich der Tumor. Wie man sieht, verschiebt sich im Laufe unserer Behandlung diese rote Linie, sie normalisiert sich. Anfangs war sie noch ziemlich krumm, aber am Ende ist sie in der Mitte. Diese Linie steht für den vorher erwähnte "midline shift". Das bedeutet, dass sich die Gehirnhälften wieder symmetrisch angenähert haben - und das hat sich dann auch dadurch gezeigt, dass die Symptomatiken des Patienten sich deutlich verbessert haben!

Aber unsere Stoffwechsel-, bzw. unsere Press-Puls-Therapie zeigt nicht nur bei Gehirnkrebs bemerkenswerte Ergebnisse.

Hier haben wir eine Patienten mit Brustkrebs, triple Negativ. Sie wurde von unseren Kollegen in Istanbul behandelt, in der Türkei. In dieser Spezialklinik werden sehr viele Arten von Krebs behandelt, un- ter anderem Lungenkrebs, Schilddrüsenkrebs und so weiter - alle be- reits in Krebsstadium 4, im Endstadium.

Diese Frau wurde also wegen ihrem Brustkrebs behandelt, hier sind Bilder aus der dazugehörigen Fallstudie:

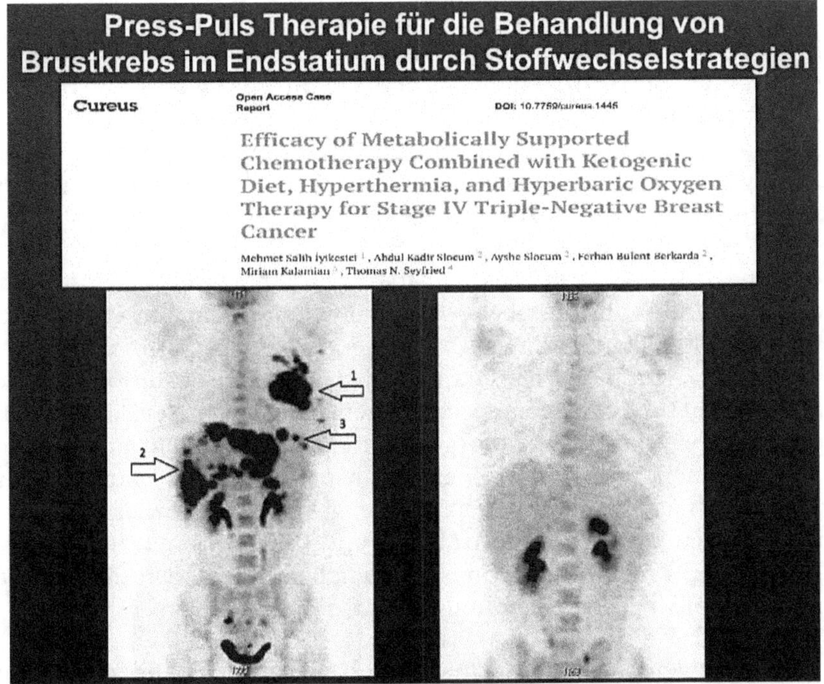

Der Krebs hatte aber schon metastasiert. Wie man auf diesem Bild sieht, waren es schon mindestens 3 Tumorherde. Einer im Brustgewebe, ein Tumor war in der Leber und Nummer 3 befand sich im weichen Muskelgewebe zwischen den Organen. An so ein Gewebe kommt man operativ nur sehr schwer ran, da die Grenzen nicht eindeutig sind wie bei anderen Tumorarten.

Auch bei ihr haben wir unsere Verfahren eingesetzt: Die ketogene Diät, hyperbare Sauerstoffbehandlung, Temperaturtherapie [mittels Kälte]... und wir haben die allerniedrigste Dosierung an Chemo eingesetzt, um gerade noch mit dem Gesetz, mit dem Pflegestandard konform zu sein.

Ich habe damals den zuständigen Arzt gefragt, Dr. Slocum: "Warum lassen wir die Chemo nicht ganz weg? Der Patientin würde es dann noch viel besser gehen und die Therapie wäre effektiver." Er hat aber verneint, das würde nicht gehen. Warum? Weil die Ärzteschaft verpflichtet ist, diese Pflegestandards einzuhalten.

Wenn sie es nicht tun, riskieren sie, ihre Lizenz zu verlieren. In jedem Land der Welt ist das so... unglaublich, oder?

Naja egal, der Patientin ging es sehr schnell viel besser und das Ganze mit minimalem Einsatz von Chemotherapie. Wir haben die Ergebnisse in *Cureus Open Access* veröffentlicht. Danach wurden wir immer wieder gefragt wie es der Patienten denn ginge.

Nun, der aktuelle Stand laut Dr. Slocum ist, dass es ihr gut geht. Sie hat zu keinem Zeitpunkt ihr Haar verloren, hatte immer eine top Lebensqualität, sie wurde niemals krank... all das, weil die Toxizität, das Gift das sich "Pflegestandard" nennt, so weit wie möglich weggelassen wurde. Dass unsere Stoffwechseltherapie so tolle Ergebnisse erzielt, sehen wir in letzter Zeit vermehrt. Wenn sich die Ärzte nur trauen, die Press-Pulse Methode anzuwenden, was sehr selten der Fall ist.

Aber nicht bei jedem wirkt unsere Behandlung! Ich will hier nicht den Eindruck erwecken, dass es allen Patienten hinterher gut geht, dass alle ohne Probleme überleben. Einige Leute schaffen es natürlich nicht, das ist völlig klar.

Das liegt aber meistens daran, dass sie von den traditionellen Behandlungsmethoden schon so kaputtgemacht, dermaßen lädiert wurden, dass ihre Körper dem fortgeschrittenen Krebs nicht mehr standhalten können. Wenn bei einem Krebspatienten das Immunsystem schon im Eimer ist und ihre Selbstheilungskräfte zum Erliegen gekommen sind - aufgrund von Bestrahlung und Chemo - dann haut unsere Therapie nicht mehr hin. Dann ist es auch bei diesen Menschen zu spät und die Stoffwechselbehandlung bringt nichts mehr.

Der gängigen Meinung nach sind Gehirnkrebs und andere Krebsarten - vor allem, wenn sie in Stadium 4 angelangt sind - definitiv tödlich. Ich bin da aber ganz anderer Meinung! Wir sollten diese Krebskrankheiten keinesfalls als tödlich ansehen. Dass die Patienten sterben, ist nicht die unausweichliche Regel, wie man uns immer weismachen will.

Sie sind nur dann tödlich, wenn wir die Patienten falsch behandeln - so wie es momentan gemacht wird, nach den Regeln des Pflegestandards. Durch exakt diese Behandlungen, die ja eigentlich eingesetzt werden um die Leute zu heilen, erhöhen wir deren Sterberate immens! Das ist doch völlig sinnlos. Die Ärzte vergiften und bestrahlen die Patienten, um sie dann am Schluss doch irgendwie zu heilen? Das macht doch keinen Sinn, ernsthaft.

Schaut euch diese beiden an, Brittany Maynard und Pablo Kelly...

Brittany wurde nach den Grundsätzen des Pflegestandards behandelt, wie das ausging wissen wir ja. Und Pablo hat es abgelehnt, sich dieser Tortur zu unterziehen.

Ja ja, dann heißt es immer "Das sind Einzelfälle, aus denen kann man keine Schlussfolgerung ziehen" Stimmt nicht, es gibt mehrere Fälle! Zum Beispiel Allison Gannet, Andrew Scarborough... es gibt einen Haufen Fälle, bei denen unsere Methode hervorragend funktioniert hat. Aber es dauert eben, bis man solche Fallstudien veröffentlicht. Die müssen ja auch Hand und Fuß haben!

Das ist mein Fazit:

- Krebs ist eine Krankheit, die mit dem beschädigten Stoffwechsel des Mitochondriums zusammenhängt. **Krebs ist keine genetische Krankheit!**

Okay? Dieses Missverständnis ist die größte Tragödie, die in der Medizin jemals stattgefunden hat. Dieses fehlende Verständnis der wahren Natur dieser Krankheit führte und führt zu unnötigen Leid und zum sinnlosen Tod von Millionen von Menschen.

- Der Stoffwechsel der Krebszelle basiert auf Substratkettenphosphorylierung

Diese Eigenschaft, dass Krebszellen fermentieren und keine normale Sauerstoffatmung haben ist ein unbestrittenes Merkmal aller Krebszellen.

- Krebszellen müssen deswegen auf Glukose und Glutamin zurückgreifen. Diese beiden Brennstoffe sind die primären Energiequellen, aus denen Glioblastom und andere Krebsarten ihr Wachstum befeuern

Sie laufen auf fermentierbaren Brennstoffen! Wer stellt diese fermentierbaren Stoffe in den Mittelpunkt seiner Krebsforschung? Kein Mensch!

- Die Press-Pulse Stoffwechseltherapie ist eine Behandlungsmethode für Krebserkrankungen, die keine Toxizität mit sich bringt und kosteneffizient durchzuführen ist

Mit dieser Therapie kann Krebs erfolgreich behandelt und letzten Endes vielleicht sogar geheilt werden. Das gilt für sämtliche Arten von Krebs.

Um diesen Punkt noch einmal zu verdeutlichen: Alle Krebszellen fermentieren, ausnahmslos. Die grundlegende Stoffwechselerkrankung ist die gleiche. Da gibt es keine Unterschiede, welche Krebsart es auch sein mag.

Meiner Meinung nach wird diese Methode die aktuellen Maßnahmen des Pflegestandards ersetzen und sie obsolet machen. Aber wann das genau geschehen wird, steht in den Sternen. Ich glaube nicht, dass ich das selbst noch erleben werde, aber ich bin optimistisch.

Ich möchte am Ende meines Vortrages noch meinen Kollegen und Mitstreitern danken, die in den Vereinigten Staaten, der Türkei, Deutschland, Venezuela, Ungarn, Griechenland, Frankreich, Ägypten, Indien und China diese Arbeit fortführen. Die Chinesen beispielsweise planen momentan, diese Behandlungsmethoden in ihre traditionelle chinesische Medizin zu integrieren.

Dann möchte ich mich noch ganz besonders bei unsere Unterstützern für ihre Forschungsspenden bedanken. Diese finanziellen Mittel sind nämlich nicht einfach zu bekommen, das könnt ihr mir glauben!

Wenn man Krebs innerhalb der Gen-Paradigmas erforschen will, dann wird einem das Geld nachgeschmissen. Aber wenn man die Krankheit tatsächlich heilen will, dann fehlt plötzlich das Geld, welches für die Forschung bitter notwendig ist.

Ich bedanke mich ausdrücklich bei der Single Cure Single Cause Foundation [mittlerweile: *The Foundation for Metabolic Cancer Therapies*] und bei Crossfit. Des Weiteren bei Joe Maroon, dem herausragenden Neurochirurgen der Universität Pittsburgh, dem Onkologen George Yu und Ellen Davis vom Boston College.

Vielen Dank für eure Aufmerksamkeit!

Zitierte und erwähnte Studien
(in chronologischer Reihenfolge):

1. Hallmarks of cancer: the next generation Douglas Hanahan, Robert A Weinberg *Cell.* 2011 Mar 4
https://pubmed.ncbi.nlm.nih.gov/21376230/

2. A comprehensive catalogue of somatic mutations from a human cancer genome Erin D. Pleasance, R. Keira Cheetham, Michael R. Stratton
Nature. 463 https://www.nature.com/articles/nature08658

3. Transplantation of pluripotential nuclei from triploid frog tumors
R. G. McKinnell, B. A. Deggins, D. D. Labat *Science.* 1969 Jul 25 https://pubmed.ncbi.nlm.nih.gov/5815255/

4.Reprogramming of a melanoma genome by nuclear transplantation Konrad Hochedlinger, Robert Blelloch, Cameron Brennan et al.,
Genes Dev. 2004 Aug 1 https://pubmed.ncbi.nlm.nih.gov/15289459/

5. On the Origin of Cancer Cells Otto Warburg
Science. 24 Feb 1956 https://science.sciencemag.org/content/123/3191/309

6. Effects of a ketogenic diet on tumor metabolism and nutritional status in pediatric onco- logy patients: two case reports
L. C. Nebeling, F. Miraldi, S. B. Shurin, E. Lerner *J Am Coll Nutr.* 1995 Apr 14
https://pubmed.ncbi.nlm.nih.gov/7790697/

7. Role of glucose and ketone bodies in the metabolic control of experimental brain cancer.
T. N. Seyfried , T. M. Sanderson, M. M. El-Abbadi, R. McGowan, P. Mukherjee
Br J Cancer. 2003 Oct 6 https://pubmed.ncbi.nlm.nih.gov/14520474/

8. Antiangiogenic and proapoptotic effects of dietary restriction on experimental mouse and human brain tumors
Purna Mukherjee , Laura E. Abate, Thomas N. Seyfried *Clin Cancer Res.* 2004 Aug 15 https://pubmed.ncbi.nlm.nih.gov/15328205/

9. Influence of caloric restriction on constitutive expression of NF-κB in an experimental mouse astrocytoma
Tiernan J. Mulrooney, Jeremy Marsh, Ivan Urits, Thomas N. Seyfried, Purna Mukherjee

PLoS One. 2011 Mar 30
https://pubmed.ncbi.nlm.nih.gov/21479220/

10. Dietary restriction reduces angiogenesis and growth in an orthotopic mouse brain tumour model
P. Mukherjee, M. M. El-Abbadi, J. L. Kasperzyk, M. K. Ranes, T. N. Seyfried
Br J Cancer. 2002 May 20 https://pubmed.ncbi.nlm.nih.gov/12085212/

11. Electron microscopy morphology of the mitochondrial network in human cancer Gabriel Arismendi-Morillo
Int J Biochem Cell Biol. 2009 Oct https://pubmed.ncbi.nlm.nih.gov/19703662/

12.Does the existing standard of care increase glioblastoma energy metabolism?
Thomas N. Seyfried, Laura M. Shelton, Purna Mukherjee
Lancet Oncol. 2010 Sep 11 https://pubmed.ncbi.nlm.nih.gov/20634134/

13. Effects of radiotherapy with concomitant and adjuvant temozolomide versus radiotherapy alone on survival in glioblastoma in a randomised phase III study: 5-year analysis of the E- ORTC-NCIC trial
Stupp R et al.,
Lancet Oncol. 2009 May 10 https://pubmed.ncbi.nlm.nih.gov/19269895/

14. The glucose ketone index calculator: a simple tool to monitor therapeutic efficacy for me- tabolic management of brain cancer
Joshua J. Meidenbauer, Purna Mukherjee, Thomas N. Seyfried *Nutr Metab (Lond).* 2015 Mar 11 https://pubmed.ncbi.nlm.nih.gov/25798181/

15. Calorie restriction as an anti-invasive therapy for malignant brain cancer in the VM mouse Laura M. Shelton, Leanne C. Huysentruyt, Purna Mukherjee, Thomas N. Seyfried
ASN Neuro. 2010 Jul 23 https://pubmed.ncbi.nlm.nih.gov/20664705/

16. Therapeutic benefit of combining calorie-restricted ketogenic diet and glu-tamine targe- ting in late-stage experimental glioblastoma
Purna Mukherjee, Thomas N. Seyfried et al., *Commun Biol.* 2019 May 29
https://pubmed.ncbi.nlm.nih.gov/31149644/

17. Management of Glioblastoma Multiforme in a Patient Treated With Keto-genic Metabolic Therapy and Modified Standard of Care: A 24-Month Follow-Up
Ahmed M. A. Elsakka, Thomas N. Seyfried et al.,
Front Nutr. 2018; 5; 20 https://www.ncbi.nlm.nih.gov/pmc/articles/PMC5884883/

**Das Buch von Thomas Seyfrieds und
das dazugehörige Paper:**

Seyfried, *Cancer as a Metabolic Disease,* 2012 John Wiley Press;

————————

Cancer as a metabolic disease: implications for novel therapeutics

Thomas N. Seyfried,* Roberto E. Flores, Angela M. Poff and Dominic P. D'Agostino - *Carcinogenesis.* 2014 Mar
https://www.ncbi.nlm.nih.gov/pmc/articles/PMC3941741/

Eine deutsche Übersetzung seines Papers:

https://www.dr-kroiss.at/krebsdiaet/Seyfried.html

Kapitel 2

Dr. Dominic D'Agostino über die ketogene Ernährungsweise und die "Press-Pulse-" Therapie gegen Krebs

(...)

Hier haben wir die möglichen Anwendungen der ketogenen Ernährung. Ich habe nicht mal alle Möglichkeiten auf dieser Folie unterbringen können, deswegen nur die wichtigsten:

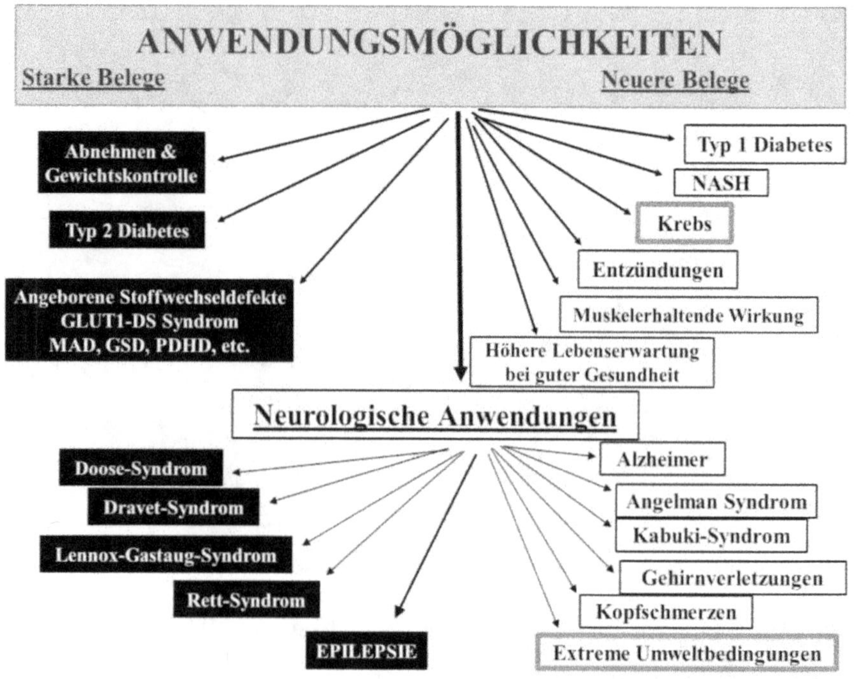

Was hier zum Beispiel nicht aufgeführt ist sind die Behandlungsmöglichkeiten von Akne oder des polyzystischen Ovar-Syndroms (PCOS). Des Weiteren führen viele Kollegen momentan Studien durch, die die Wirkung von Ketonen auf psychologische Krankheiten untersuchen.

Die Studienlage im Bereich Krebs ist zwar noch nicht so belastbar wie wir es gerne hätten, aber es gesellen sich immer mehr und mehr positive Fallstudien hinzu. Dasselbe gilt für das gesamte Feld auf der

rechten Seite dieser Folie: Alle diese Gebiete sind gerade in einem großen Forschungsumbruch. Währenddessen haben wir links die medizinischen Problemfelder, für die die Studienlage hinsichtlich ketogener
Behandlung bereits jetzt eindeutig überzeugt.

Allen voran das Thema Abnehmen, hier ist eine ketogene Ernährungsform fast bei jeder Studie vorne (im Vergleich zu einer klassischen Low-Fat Diät). Dies gilt auch und vor allem dafür, ob man das
neue, niedrigere Gewicht auch halten kann.

Bei angeborenen Stoffwechseldefekten kann Keto ebenfalls von großem Nutzen sein. Vor Kurzem erst war ich bei einer Tagung in Chicago,
dort erzählten mir Ärzte, dass sie probieren, Kindern mit all diesen unterschiedlichen Stoffwechsel- und Nervenschäden Ketone intravenös
zu verabreichen. In vielen Fällen erwachen die Kinder mit dieser
Maßnahme erstmals mental zum leben, da die klassischen Stoffwechselpfade nicht beschritten werden können. Dies gilt natürlich vor allem
für das Gehirn.

Dann haben wir zum Beispiel noch das Lennox-Gastaug-Syndrom...
und, natürlich, wird die ketogene Ernährungsweise schon seit Jahrzehnten erfolgreich bei Epilepsie angewendet.

Was ebenfalls erstaunlich ist: Selbst Typ 1 Diabetes lässt sich mit
Keto sehr gut behandeln, manchmal sogar kurieren. Dafür lassen sich
mehr und mehr Belege finden... aber es gibt noch keine größeren Studien, weswegen ich diesen Teil noch bei "neuere" auf der rechten Seite
habe. Diabeteskranke finden sich oftmals in Onlineforen zusammen,
wie zum Beispiel die Gruppe "TypeOneGrit" auf Facebook.

Einige meiner Studenten befinden sich auch in dieser Gruppe und
es ist aus den Einzeldaten der Mitglieder sogar eine Publikation herausgekommen. Damit erhöht sich also das Volumen der Belege auch aus
dieser Schiene.

Kommen wir nun zum großen und neuen Forschungsbereich Keto
gegen Krebs. Vor zehn Jahren gab es hierzu auf der Informationsseite
ClinicalTrials.gov vielleicht 2 Studien - und als ich letzte Woche rein
sah, waren es bereits 30 Studien, die die ketogene Ernährungsweise im
Hinblick auf Krebs miteinbeziehen. Dieses Feld stellt sich gerade erst
neu auf und wir werden in der nächsten Zeit viele Studien sehen,
die das verstärkt analysieren und somit auch in die Öffentlichkeit tragen
- unter anderem auch durch die öffentlich zugängliche Forschungsda-
tenbank *PubMed*.

Der Grund, warum ich auf Ketone als Forschungsobjekt gestoßen
bin, war folgender: Ich hatte bei meiner Arbeit im Bereich der Sauerstofftherapie mit Überdruck festgestellt, dass gewisse Zelltypen auf Ketone ganz besonders ansprechen - nicht nur auf körpereigene sondern
auch auf supplementierte, künstliche Ketone.

Spezifisch konnten wir im Labor beobachten, dass Ketone die Zellteilung von Krebszellen hemmte und somit die Wachstumsrate verringert wurde. Das war für mich eine große Offenbarung, die mich dann dazu geführt hat, auf diesem Gebiet weiterzuforschen:

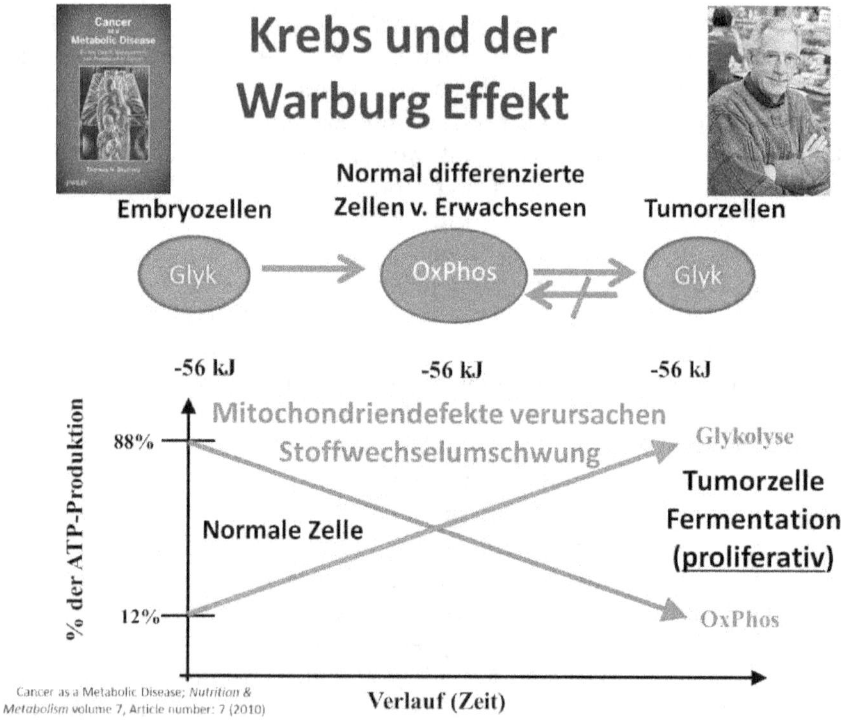

Krebs an sich war damals nicht mein Fachgebiet. Ich sollte eigentlich Anfälle erforschen, die von giftigen Sauerstoffendprodukten ausgelöst wurden. Das war damals im Auftrag der Navy und ich war in diesem Projekt in Vollzeit eingespannt. Dennoch war ich unglaublich fasziniert davon, was die Ketone mit den Krebszellen anstellten. Wir wussten auch nicht recht, was der Mechanismus dahinter war, bis wir uns mit dem Warburg-Effekt beschäftigten.

Mit dieser Theorie konnten wir dann erklären, was sich bei den Experimenten abspielte. Vor allem was den gestörten Mitochondrienstoffwechsel angeht, aber auch, dass die Mitochondrien bei erhöhter Sauerstoffkonzentration zunehmend freie Radikale produzieren, die dann die Mitochondrien beeinträchtigen.

Wir waren die ersten, die diese Experimente im Überdrucksauerstoff durchführten, es hatte noch keine andere Forschungsgruppe unter diesen Bedingungen die Zellen unter einem Mikroskop betrachtet. Damals konnte mir keiner erklären was sich hier abspielt, deswegen war ich darauf erpicht, Kontakt zu den Experten in diesem Gebiet aufzunehmen. Unter anderem lernte ich dann damit Dr. Thomas Seyfried vom Boston College kennen.

Nach unserem ersten Treffen habe ich zunächst seinen Übersichtsartikel gelesen, *Krebs als Krankheit des Stoffwechsels*, den er damals in *Nutrition und Metabolism* veröffentlicht hat. Außerdem hatte er natürlich schon sein großes Buch hierzu publiziert, mit demselben Titel. *[Cancer as a metabolic disease]*.

Mittlerweile habe ich bereits mindestens 7 Studien mit Tom Seyfried veröffentlicht, wir arbeiten bereits seit mehreren Jahren zusammen. Er hat mir damals als erster erklärt, was es denn mit dem Warburg-Effekt überhaupt auf sich hat! Kaum zu glauben, aber wahr: Ich hatte selber Vorlesungen über Krebs an der Universität und dort wurde der Warburg-Effekt kein einziges Mal erwähnt. Uns wurde niemals mitgeteilt, dass der Stoffwechsel von Krebszellen sich vom Stoffwechsel gesunder Zellen grundlegend unterscheidet.

Im Grunde genommen besagt der Warburg Effekt folgenden, einfachen Zusammenhang: Weil der Stoffwechsel der Mitochondrien beschädigt sind, müssen sie für die Energieherstellung auf Fermentation umsteigen. Das ist der einzige Ausweg, damit wird der Energiemangel kompensiert.

Bei einer normalen Zelle wird die ATP-Produktion durch einen Stoffwechselpfad namens "oxidativer Phosphorylierung" bereitgestellt [auch: Atmungskettenphosphorylierung. *oxidative phosphorylation / OxPhos]*. Dabei stellen die Mitochondrien ungefähr **88** bis **90** Prozent der Zellenergie mittels OxPhos her. ATP [Adenin Triphosphat] ist die Energiewährung innerhalb der Zelle und wird auch in Nervenzellen und Muskelzellen verwendet, im Herzmuskel ebenfalls.

Wenn jemand (bzw. seine Zellen) folgenden Umwelteinflüssen ausgesetzt ist, kann es zu Schäden in den Mitochondrien und deren DNS kommen:

- Chemikalien
- Strahlung
- Entzündung
- Hypoxie
- Insulinresistenz, und
- Hyperglykämie (chronisch erhöhter Blutzucker)

Der Nukleus hat sehr widerstandsfähige Mechanismen, um seine DNS zu reparieren. Die DNS der Mitochondrien hingegen hat keine solch robusten Repariermechanismen! Das heißt, dass die DNS unserer

Mitochondrien viel anfälliger für dauerhaft schädliche Einwirkungen ist wie beispielsweise für Strahlung oder allgemein karzinogene Stoffe. Somit bekommen die Mitochondrien einen Haufen ab und können sich eher wenig dagegen wehren. Auch andere Dinge wie Viren können Krebs verursachen, da auch Viren oftmals die Funktion der Mitochondrien beeinträchtigen.

Während also die Mitochondrien mehr und mehr in ihrer Funktionsfähigkeit eingeschränkt werden, sinken parallel die Level an zellulärem ATP. Diese Energiekrise wird vom Zellkern wahrgenommen und dieser leitet bei einem zu starken Defizit entsprechende Gegenmaßnahmen ein.

Wann genau das der Fall ist kann man nicht sagen, das variiert von Zelle zu Zelle, aber auch von Person zu Person. Hier gibt es eine Menge an Variablen. Dennoch gibt es immer eine Grenze, bei der eine weitere Schädigung des Zellstoffwechsels plötzlich eine Kaskade an Veränderungen auslöst: Dann werden verschiedene Genprogramme aktiviert, die mit einem weitaus höheren Glukosestoffwechsel zusammenhängen,der Zellstoffwechsel schlägt in Richtung Fermentation um - eine normale Zelle verwandelt sich zur Krebszelle.

Es ist zwar so, dass Zellen im Embryonalstadium ebenfalls einen glykolytischen Stoffwechselpfad aufweisen, aber hier ist das so, weil sie sich noch weiter differenzieren und sie noch wachsen. Bei Erwachsenen hingegen entspringt der größte Teil der Zellenergie aus oxidativer Phosphorylierung. Erst wenn die Mitochondrien von mehreren Seiten attackiert werden, programmieren die Zellen ihren Respirationsvorgang wieder auf Glukose um. Meiner Meinung nach sind vor allem Hyperglykämie und ein ständig erhöhter Insulinspiegel die Hauptübeltäter dieser Entwicklung.

Sobald die Zelle einmal von OxPhos auf Fermentation umgeschaltet hat, gibt es keinen Weg zurück mehr. Damit ist die Transformation einer gesunden zu einer krankhaften Zelle abgeschlossen. Meiner Kenntnis nach gibt es keinen Beleg dafür, dass sich Krebszellen wieder in normale Zellen rückentwickeln könnten, auch wenn das einige Kollegen vermuten. Ich persönlich glaube das zwar nicht, aber vielleicht kommt es vor, man weiß ja nie.

Insgesamt ist es so, dass, sobald das "onkogene Programm" angeworfen wird und die Driver-Gene zum Einsatz kommen, dann haben wir es mit einer Tumorzelle zu tun. Wenn das einmal geschehen ist beobachten wir eine Vielzahl von Faktoren, die diese Entwicklung noch beschleunigen und die Umgebung der neuen Krebszellen ebenfalls in diese Richtung schieben - damit wird aus vereinzelten Krebszellen schlussendlich ein massiver Tumor.

Diese Ursachen, diese Antreiber des Warburg Effektes tragen außerdem dazu bei, dass der Tumor in benachbarte Gewebe eindringt und

Metastasen bildet. Sobald der Krebs sich über die Zirkulation erst mal auf andere Gebiete ausgedehnt hat, kann man ihn nur noch schwer behandeln, der Krankheitsverlauf ist dann im Normalfall irreversibel und tödlich.

Hier haben wir die Ursachen des Warburg-Effekts, der die Tumorbildung weiter vorantreibt. Dr. Seyfried würde sie eventuell eher als "Initiatoren" des Warburg Effekts bezeichnen:

Ursachen des Warburg Effekts

- Beschädigte Mitochondrien
- Tumor-Hypoxie
- Erhöhtes Insulin, Glukose, Laktat
- Verstärkte Tätigkeit PI3K/AKT/mTOR
- Erhöhte ROS und Entzündungen
- Unterdrückte Anti-Tumor Immunität

Die Theorie, dass Krebs von Stoffwechselstörungen verursacht wird besagt das Folgende: Wegen den Schäden der Mitochondrienfunktion wird der Übergang einer normalen zu einer Krebszelle initiiert. Das ist der erste Stein, der fällt. Dabei sind zweifelsohne auch diverse Gene beteiligt, einverstanden. Aber vorher werden diese Gene erst durch die Stoffwechselvorgänge angeschaltet, hier haben wir den wahren Ursprung der Krankheit!

Die Genetiker waren und sind somit leider auf dem falschen Dampfer, seit Jahren schon. Wir verstehen mittlerweile wie der Zellstoffwechsel sich auf diese Genexpressionen auswirkt. Wir wissen jetzt, dass diese Veränderung der genetischen Pfade sich sowohl auf die Genese von Krebs auswirkt, als auch, dass der Krebs durch diese Stoffwechselveränderungen weiter wächst, weiter wachsen kann.

Der Initiator von Krebs ist dieser Theorie nach der Schaden an den Mitochondrien, den Kraftwerken unserer Zellen. Diese Schäden verursachen den Krebs und sind auch im weiteren Verlauf die großen Antreiber der Krankheit. Der Stoffwechsel des Tumors ist kurz und bündig einfach hinüber und derangiert, das gilt für alle Sorten von Krebs.

Ein weiterer Faktor, der Krebs anfeuert, ist Tumor Hypoxie: Je größer der Tumor wird, die krankhafte Biomasse zunimmt, desto weniger Sauerstoff bleibt den inneren Zellen für ihren Stoffwechsel. Dadurch wird dieser immer mehr und mehr gestört und noch mehr Mutationen treten auf. Eine noch aggressivere Ausprägung des Warburg-Effekts. Auch dadurch muss die Krebszelle Zucker fermentieren, um ihr Wachstum fortzusetzen.

Wir können diese Veränderungen auch optisch wahrnehmen: Die Mitochondrien sind in ihrem Aufbau kaputt, ihnen fehlen wichtige Strukturen um richtig funktionieren. Dr. Seyfried und viele Kollegen in diesem Gebiet haben mir versichert, dass sie niemals Tumorzellen gefunden hätten, die 'normale' Mitochondrien aufweisen. Diese Eigenschaften haben alle Krebszellen gemeinsam, egal um welche Art es sich handelt. Das ist der umfassende Faktor dieser Krankheit!

Nur mit kaputten Mitochondrien erhalten wir Krebs und Wachstum der Krebszellen. Die haben das Sagen was den zellulären Stoffwechsel angeht, nicht der Zellkern. Solange jemand über gesunde Mitochondrien verfügt, ist das Thema Krebs kein Problem. Gesunde Mitochondrien halten das innerzelluläre Niveau an ATP konstant, was auch zu einem gesunden Zellnukleus beiträgt. Die Zelle braucht ATP ja auch nicht zuletzt dafür, um ihre Eigenreparaturen durchführen zu können. Damit ist der Gencode und seine Stabilität gesichert.

Ich möchte diesen Punkt noch einmal ausdrücklich hervorheben, was auch Tom Seyfried bekräftigen würde: **Das überragendste Mittel, um Krebs zu verhindern, sind gesunde Mitochondrien.** Um dies zu bewerkstelligen, können wir uns vieler Wege bedienen:

Sport, Krafttraining, eine ketogene Ernährungsweise und allgemein wenig Kohlenhydrate in der Ernährung (Low-Carb). Weitere Werkzeuge wären Fasten und zeitlich begrenzte Kalorienreduktion. Von diesen Dingen wissen wir mit Bestimmtheit, dass sie die Funktion der Mitochondrien konservieren bzw. sogar verbessern können.

Weitere Dinge, die Krebs anfachen: Ein erhöhter Insulin- und Laktatspiegel und die vermehrte Aktivität des PI3K/AKT/mTor Stoffwechselpfads. Momenten werden diverse Medikamente entwickelt, um diese Ursachen verstärkten Tumorwachstums in den Griff zu kriegen - beispielsweise von einem Kollegen von mir, Lew Cantley.

Wie sich aber bereits jetzt herausgestellt hat, wirken diese Mittel bei einer normalen Ernährung nicht ordentlich, welche reich an Kohlenhydraten ist. Sie müssen stets im Kontext einer Ernährungsweise eingesetzt werden, die das Insulin bedeutend einschränkt - besser gesagt, die Signalwirkungen, die Insulin im Körper verursacht. Am besten funktioniert das alles in Verbindung mit einer ketogenen Diät, welche den Effekt einiger dieser Stoffwechselmedikamente dramatisch verbessert, wie wir das bei PI3-Kinasehemmern verzeichnen konnten.

Die nächsten Punkte: *Reactive Oxygen Species* [ROS] und eine erhöhte Entzündungssituation. Dabei verhält es sich so, dass die Über-
produktion von ROS bestimmte Stoffwechselpfade in Gang bringt, die
dann ihrerseits Entzündungen hervorrufen - und Entzündungen beschädigen die Mitochondrien in großem Ausmaß.

Dann haben wir als letzten Punkt der Krebsverursacher eine unterdrückte Immunität gegenüber Tumoren. Normalerweise ist unser Immunsystem ziemlich gut darin, schadhafte Zellen zu entfernen und abzutöten. Doch da der Tumor eine große Menge an Laktat ausscheidet,
verändert er damit den PH-Wert der Mikroumgebung des Tumors.
Durch diese Veränderung ist unser Körper nicht mehr in der Lage, die
Krebszellen als solche zu erkennen.

Auch hier kann die ketogene Ernährung von Nutzen sein: Sie erhöht
nämlich bewiesenermaßen die Fähigkeit unseres Körpers, Krebszellen
habhaft zu werden. Genauer gesagt kann unser Immunsystem mit Keto
die Krebszellen besser erkennen und sie durch verschiedene Notfall-
maßnahmen bekämpfen. Dass dies tatsächlich der Wahrheit entspricht, hat meine Kollegin Adrienne Scheck bestätigt. Sie hat über diesen Zusammenhang bereits mehrere Studien durchgeführt und ihre Ergebnisse auch in anerkannten Fachzeitschriften veröffentlicht.

Um Krebs in Zukunft besser behandeln und effektiver behandeln zu
können haben wir uns einen neuen Gesamtansatz ausgedacht, der vor
allem Stoffwechseltherapien zum Inhalt hat. Meine Kollege Dr. Seyfried und ich haben dazu gemeinsam ein Paper geschrieben, in dem wir
unseren Ansatz im Detail ausarbeiten. Wir nennen das Ganze "Press-
Pulse":

Zukünftiger Richtungswechsel der Krebstherapie

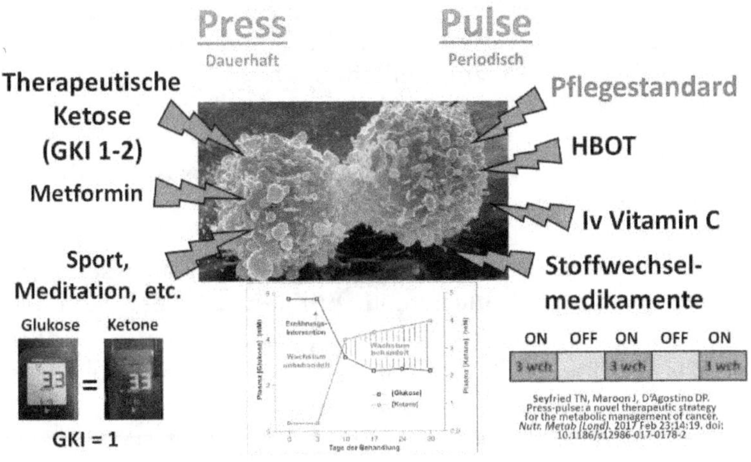

Dabei sind die Schritte, die wir unter "Press" einordnen diejenigen, die dauerhaft und Tag für Tag angewendet werden sollten. Vor allem des Verbleiben in einem hohen Grad therapeutischer Ketose gehört in diesen Bereich: **Der Level an Ketonkörpern im Blut sollte so hoch wie möglich sein!**

Dr. Seyfried hat hierzu einen einfachen Wert vorgeschlagen: Den Glukose-Keton-Index GKI. Das bedeutet, wenn jemand einen Blutglukosespiegel von 3 Millimol hat, parallel zu einem Ketonspiegel von ebenfalls 3 Millimol, dann hätte der GKI einen Wert von 1. Bei einem Glukosewert von 4 und einem Ketonwert von 2, käme dabei ein Indexwert von 2 heraus.

Wir sind der Meinung, dass in einem Bereich von 1 bis 2 die besten Ergebnisse erzielt werden. Vor allem bei Tierstudien hat dieser Bereich tolle Ergebnisse erzielt, was die Eindämmung von Krebs betrifft - aber auch die Behandlung von Anfällen (in meinem Labor habe ich ja Mäuse mit Überdrucksauerstoff untersucht). Mit einem so niedrigen GKI-Wert werden all die vorteilhaften Stoffwechselvorgänge aktiviert, die ich euch vorhin gezeigt habe. Stoffwechselvorgänge, die das Wachstum von Tumoren und die Schäden der Mitochondrien minimieren.

Wir sind des Weiteren auch der Meinung, dass das Medikament Metformin viele Vorteile hat und ebenfalls dauerhaft eingenommen werden könnte. Zwar hat Dr. Seyfried hier ein paar Bedenken angemeldet, aufgrund eventueller Nebenwirkungen, aber trotzdem ist es wohl empfehlenswert.

Dann sind weitere dauerhafte Maßnahmen das Treiben von Sport oder auch Meditation. Dinge dieser Art können ebenfalls dazu beitragen, den GKI zu senken - dadurch, dass sie das Stressniveau des Patienten senken und somit den Blutzucker nach unten bringen.

Insgesamt ist es wichtig, den Tumor als erstes zumindest in seinem Wachstum einzugrenzen, man muss praktisch den Fuß vom Gaspedal nehmen. Mit Gaspedal meine ich die Verfügbarkeit der Energieträger, die die Tumorzellen zur Zellteilung benötigen. Das gilt zumindest für die Arten von Krebs, die unter die Kategorie des Warburg-Effekts fal- len, die Krebssorten, die einen "Phänotyp nach Warburg haben". Es sind zwar sehr viele, aber nicht alle Krebszellen, die auf unsere Behand- lung ansprechen.

Wenn man diese Dinge unter Kontrolle hat, kann man sich anschließend den Maßnahmen zuwenden, die periodisch eingesetzt werden. Deswegen auch "Puls-", pulsierend. Wir vertreten den Standpunkt, dass diese Maßnahmen am besten in 3-wöchigen Intervallen durchgeführt werden. 3 Wochen Behandlung und dann wieder 3 Wochen Pause.

Ich persönlich denke, dass wir die Therapien aus dem Pflegestandard durchaus einsetzen sollten, also die klassische Chemotherapie, Strahlentherapie und die modernere Immuntherapie. Ich würde sagen, dass diese Dinge bei vielen Krebsarten hocheffektiv sind und auch gut vertragen werden.

Es ist hier aber anzumerken, dass diese Maßnahmen eine viel bessere Erfolgsquote versprechen, wenn sie in Kombination mit einer ketogenen Ernährung durchgeführt werden. Das habe ich schon bei vielen Patienten mitbekommen und wird aktuell auch in mehreren Studien bestätigt, die demnächst veröffentlicht werden. Zusätzlich ist mir von mehreren Seiten berichtet worden, dass die Nebenwirkungen der toxischen Stoffe durch Keto spürbar gemindert wurden.

Dann haben wir eine momentan noch ziemlich unbeachtete Behandlungsmöglichkeit: Die hyperbare Sauerstofftherapie [*Hyperbaric oxygen therapy* HBOT]. Es ist zwar aktuell so, dass wir den Nutzen dieser Methode nur anhand von Tiermodellen belegen können, aber dennoch... die Zellen von Säugetieren ähneln sich doch sehr. Bei meinen Forschungsprojekten vor 10 Jahren war es schließlich so, dass diese Therapie bei Gehirntumoren die Krebszellen förmlich in Stücke gerissen wurden, während die gesunden Zellen intakt blieben. Das hat mich zu der felsenfesten Erkenntnis gebracht, dass Überdrucksauerstoff für Krebszellen sehr viel giftiger ist, als für normale, gesunde Zellen.

Diesen Effekt bei den Tiermodellen haben wir damals auch veröffentlicht, das Paper war in der Fachzeitschrift *Neuroscience*. Doch damals haben wir diese Ergebnisse nicht als Anti-Krebs-Methode verkauft... es war einfach nur eine interessante Beobachtung, die wir machten.

[Nebenbei bemerkt wird diese Behandlungsmöglichkeit bereits beim Menschen eingesetzt - aber nur, um den Patienten von den Auswirkungen der Pflegestandardmethoden zu kurieren. N icht, um die Krankheit selbst in den Griff zu kriegen, vor dem Einsatz der toxischen Mittel. *(anderer Vortrag)*]

Dann, der nächste Punkt: Intravenös verabreichtes Vitamin C. David Diamond hat mich darauf aufmerksam gemacht, dass Vitamin C als Glukose-Antagonist autreten kann. Aber nur in extrem hohen Dosen, im Bereich von mehreren Millimol. Dann wirkt Vitamin C nicht als Antioxidans, sondern als Pro-Oxidans und verursacht ROS, also oxidativen Stress, in den Zellen. Auch diese Methode hat sich darin bewährt, Krebszellen abzutöten, wohingegen normale Zellen geschont werden. Das Vitamin C können wir sogar im Verbund mit der Sauerstofftherapie durchführen, dann wirkt es sogar noch besser!

Zuguterletzt haben wir dann natürlich noch ein großes Arsenal an Medikamenten, die spezifische Stoffwechselvorgänge beeinflussen und verändern können. Auch diese werden innerhalb des Press-Pulse An- satzes periodisch und gezielt eingesetzt.

(...)

Dr. D'Agostinos und Dr. Seyfrieds gemeinsames Paper,das die Press-Pulse Behandlungsmethodik bespricht:

Press-pulse: a novel therapeutic strategy for the metabolic management of cancer

Thomas N. Seyfried, George Yu, Joseph C. Maroon, Dominic P. D'Agostino
Nutr Metab (Lond). 2017 Feb 23

https://pubmed.ncbi.nlm.nih.gov/28250801/

Kapitel 3

Pursuing Health #97; Interview mit Dr. Thomas Seyfried

Einführung von Gastgeberin Julie Foucher, MD. *Sie arbeitet auch für CrossFit und führt dieses Interview im Auftrag dieser Organisation.*

Ich begrüße euch alle recht herzlich zu meinem Podcast. Das wird wohl eine sehr kontroverse Folge von *Pursuing Health werden* - aber ich freue mich trotzdem schon sehr, die heutige Episode mit euch zu teilen. Dieses Gespräch wird euch sicher gefallen, da bin ich mir sicher.

Kurz zur Biografie von **Dr. Seyfried:** Thomas Seyfried ist ein Professor der Biochemie und auch der Genetik, er arbeitet als Wissenschaftler an der Universität von Boston. Dort unterrichtet er bereits seit 25 Jahren und hat in dieser Zeit intensiv Forschung betrieben. Seine Forschungsprojekte fanden und finden in den Feldern Neurochemie, Neurogenetik und Krebs statt.

Anhand seiner Forschungsergebnisse ist Dr. Seyfried zu der Überzeugung gelangt, dass Krebs eine Krankheit ist, die ihren Ursprung im Stoffwechsel hat - im Gegensatz zu der Meinung des Mainstreams, dass Krebs eine genetische Krankheit wäre.

Er glaubt, dass dieses fundamentale Missverständnis von Krebs der Grund dafür ist, dass die Krebsforschung bislang weder erfolgreiche Behandlungsformen noch effektive Präventivmaßnahmen zu Stande gebracht hat.

In seinem Buch (bzw. seinem Paper) *Krebs als Krankheit des Stoffwechsels* erklärt er Schritt für Schritt, was es mit dieser Stoffwechseltheorie von Krebs genau auf sich hat und erläutert mit Hilfe von grundlegenden Experimenten und klinischen Studien, warum die althergebrachte Meinung über Krebs nicht stimmen kann.

Obwohl seine Sicht der Entstehung von Krebs nach wie vor sehr unkonventionell ist, wurde dieser Ansatz mittlerweile von vielen Top- Wissenschaftlern übernommen. Diese Experten sind momentan dabei, Dr. Seyfrieds Grundsätze in ihre Forschung und in ihre Behandlungsmethoden zu integrieren. Vor allem die ketogene Ernährung spielt dabei eine entscheidende Rolle.

Ich bin der Meinung, dass es wichtig ist die Öffentlichkeit über diese aktuellen Entwicklungen zu informieren um vor allem betroffenen Patienten und deren Angehörigen zu helfen. Deswegen bin ich schon sehr aufgeregt und gespannt, was mein Interview mit Dr. Seyfried angeht.

Im Allgemeinen werden wissenschaftliche Dogmas immer wieder auf's Neue herausgefordert, als falsch überführt und werden dann neu überarbeitet. Dogmas verändern sich. Ein weiteres Beispiel aus dem Bereich der Ernährungswissenschaft wäre hierfür, dass Nahrungsfette mittlerweile in einem völlig neuen Licht gesehen werden. Der Zusammenhang dieser Fette mit Herz-Kreislauferkrankungen, der uns in den letzten Jahrzehnten immer als wahr verkauft wurde, wurde mittlerweile als unwahr bewiesen.

Das ist der Ablauf des wissenschaftlichen Diskurses, der aber leider oftmals von interessierten Bürgern und Experten aus anderen Feldern angestoßen werden muss. Mit diesem Wissen im Hintergrund empfehle ich jedem Skeptiker, ihre Bedenken einstweilen bei Seite zu legen und Dr. Seyfrieds Texte im Original zu lesen!

Der Schauplatz dieses Interviews war die *CrossFit Health Conference* 2018 in Madison, Wisconsin. Innerhalb unseres Gespräches befassen wir uns mit der Geschichte seiner Theorieentwicklung und seinen Studien zu diesem Thema. Wir besprechen außerdem, welche Herausforderungen seine Krebsforschung für ihn persönlich mit sich bringt - auch für praktizierende Ärzte, die in ihrer Meinungsäußerung (und in ihren Methoden) nicht so frei sind, wie man gerne glaubt.

Ich hoffe, dass euch diese Ausgabe gefällt und dass sie euch zu denken gibt. Eventuell sind die Inhalte für den ein oder anderen schwer zu verdauen, aber wir alle müssen unseren Horizont erweitern, was Zivilisationskrankheiten und deren Behandlung angeht. Das war auch bei mir der Fall!

Foucher:

Ein herzliches Hallo an alle Zuhörer und Zuseher meines Podcasts, *Pursuing Health!* Ich freue mich schon sehr darauf mit Dr. Thomas Seyfried ein interessantes Gespräch zu führen. Er hat vor wenigen Augenblicken noch einen herausragenden Vortrag gehalten - bei unserer *CrossFit Health Conference,* die diese Woche stattfindet. Danke an Sie, Dr. Seyfried, dass Sie diesem Interview zugestimmt haben.

Dr. Seyfried:

Danke, Julie! Diese Konferenz ist wirklich sehr schön, ich freue mich hier sein zu dürfen.

Foucher:

Ich habe mir gedacht, dass wir unser Gespräch damit beginnen könnten, wie Sie eigentlich zu CrossFit gekommen sind? Wie diese Beziehung zustande gekommen ist, ist ja für sich schon eine ziemlich interessante Geschichte. Also, wie kam es, dass sie hier zu unserer Konferenz eingeladen wurden?

Dr. Seyfried:

Naja, es war so dass der CEO von CrossFit, Greg Glassman, mein Buch gelesen hat. Zusammen mit seinem Vater. Greg hatte anscheinend den Eindruck, dass mein Standpunkt in meinem Buch solide vorgetragen wurde. Er hat die wichtigsten Punkte dann mit seinem Vater durchgesprochen, welcher das Buch ebenfalls gelesen hatte - und, wie mir scheint, noch gründlicher, jeden einzelnen Absatz!

Deswegen war sein Vater Jeff wohl auch ein wenig skeptischer als Greg: Er hatte mit gewissen Informationen und Zahlen so seine Probleme und hat mir dann aufgrund dessen eine umfassende Stellungnahme geschickt, mit einem Haufen Fragen zu gewissen Details. Er war sich nicht sicher, ob die Hypothese so stimmen könne.

Diese Stellungnahme, diesen Fragenkatalog, habe ich dann mit meinen Studenten und Kollegen ausführlich besprochen, allen voran Purna Mukherjee. Dann haben wir uns daran gemacht, eine Gegenstellungnahme anzufertigen, um all die Fragen und Bedenken, die Jeff Glassman uns gestellt hatte, mit ausreichend Detailschärfe zu beantworten.

Jeff ist jemand, der es mit Fakten sehr genau nimmt, wohl auch deshalb, da er im Bereich der Präzisionsvermessung gearbeitet hatte. Ich würde sagen, er war dann mit unserem Statement auch zufrieden, wir konnten ihm klarer vermitteln, dass unsere Hypothese Hand und Fuß hat. Es ist sehr wichtig, dass wir diese Informationen so aufbereiten, dass die Öffentlichkeit sie. auch versteht. Das haben wir daraus gelernt. Nur so können wir eine breitere Öffentlichkeit erreichen.

Es ist ja so, dass meine Hypothese gründlich von der allgemein ge- glaubten Theorie abweicht, was die Ursache von Krebs angeht. Dieses Herausfordern von althergebrachten Meinungen ist es wohl auch, was Greg an dieser Sache so gefällt. Seine Philosophie ist es ja ebenfalls, den Status Quo zu hinterfragen und die Dinge zu modernisieren. Ihm geht es auch darum, gesundheitsspezifische Informationen richtig zu stellen und Mythen zu berichtigen - und das Feld der Krebsforschung gehört genau in diesen Bereich!

Er war ganz begeistert von dieser neuen und völlig anderen Theorie von Krebs, nachdem er mein Buch gelesen hatte. Soviel ich weiß, hat er gleich einen ganzen Stapel gekauft und mein Buch an seine Freunde verschenkt, auch an seine Mitarbeiter von CrossFit!

Foucher:

Ja, das stimmt! Mir hat er auch eins gegeben! Das war, als er das erste Mal bei mir im Podcast war. Da hat Greg mir ihr Buch gegeben und auch das Buch von Travis Christofferson. Ja, er hat vielen Leuten diese Bücher gegeben und immer darauf bestanden, dass sie es auf jeden Fall lesen!

Dr. Seyfried:

Genau! Also, meine Beziehung mit CrossFit kam dadurch zustande, dass Greg und sein Vater Jeff mein Buch gelesen hatten. Ich habe nicht aktiv versucht mit ihnen Kontakt aufzunehmen, das haben sie getan. Und wie es aussieht, ist er seitdem ein großer Verfechter unseres Stand- punkts und eifrig dabei, unsere Message zu verbreiten. Er hat sich auch zum Ziel gesetzt, viele Ärzte von der Stoffwechseltheorie von Krebs in Kenntnis zu setzen. Das könnte uns wirklich dabei helfen, diesen Ansatz auch in der medizinischen Gemeinde bekannter zu ma- chen.

Es ist ja nicht so, dass die Ärzteschaft nichts davon wüsste, wie sehr der Stoffwechsel mit unseren Zivilisationskrankheiten zusam- men- hängt. Dr. Jason Fung hat ja hier auch einen Vortrag gehalten, er macht das wirklich super! Krebs ist nur eine von vielen Ausprägungen einer umfassenderen Stoffwechselstörung. Es ist aber trotzdem so, dass Krebs den Löwenanteil der Aufmerksamkeit bekommt - einfach des- halb, weil Krebs die Leute scharenweise in's Grab bringt!

Diabetes ist keine angenehme Krankheit, Gott bewahre! Die Leute werden kränker und kränker und sie kriegen im Laufe des Krankheits- verlaufs allerlei zusätzliche Symptome, das ist ganz klar. Aber: Typ 2 Diabetes bringt einen nicht gleich um! Außerdem müssen die Patien- ten keine Behandlung durchmachen, die sie vergiftet und ihr Leben zur Hölle macht.

Dieses Thema für sich ist auch wieder etwas, das mich zur Weißglut bringt: Wir müssen den Krebskranken keine toxischen Stoffe einflößen um sie zu heilen oder um eine Remission zu erlangen. Das Ganze System ist grundlegend falsch aufgestellt, wie wir das aktuell machen ist geradezu irrsinnig. Unverantwortlich.

Foucher:

Es ist wirklich ein Irrsinn, das stimmt. Ich möchte im Verlauf unseres Gespräches vor allem darüber reden, wie ihre Forschungsarbeit genau abläuft... besser gesagt, wie sie in ihrer vergangenen Forschung überhaupt auf das Thema kamen. Das hatten sie ja in ihrem Vortrag auch kurz erwähnt.

Also, nur um den Leuten nochmal den großen Rahmen zu verdeutlichen: In welchen Bereichen haben sie genau geforscht und wie sind sie überhaupt zu diesen Erkenntnissen gekommen? Was ist die Geschichte dahinter?

Dr. Seyfried:

Nun ja, die Geschichte dahinter reicht schon sehr weit zurück und ging über viele Umwege. Um von ganz vorne anzufangen: Ich habe sowohl Biochemie als auch Genetik studiert. Den Doktortitel in Genetik habe ich an der *University of Illinois erlangt,* aber ich habe auch einen Titel von der *Illinois State University* im gleichen Bereich. Beide Unis haben in Genetik einen Top-Ruf, muss ich hier unbescheiden hinzufügen.

Während der späten Jahre meines Studiums haben wir vor allem an Gangliosiden geforscht. Das ist ein Lipidmolekül, dass sich bei Kindern mit Tay-Sachs-Syndrom im Gehirn stark ansammelt. Diese Gangliosiden zu untersuchen war damals meine Doktorarbeit - wir untersuchten genauer gesagt also die Biochemie dieser Lipide bei Tiermodellen, die ebenfalls einen Fehler in der Speicherung aufwiesen.

Nach meinem Abschluss bin ich dann als Postdoktorant an die Universität von Yale und bekam dort eine Stelle an der Fakultät für Neurologie. Damals war eine Spezialität dieser Einrichtung die Forschung an Epilepsie und zum damaligen Zeitpunkt war gerade die Genetik dieser Krankheit zum Forschungsthema Nummer 1 avanciert. Die Leute dort waren alle sehr aufgeregt, was man mit den genetischen Forschungsergebnissen alles anfangen könnte.

Meine Kollegen und ich hatten somit den Auftrag, die Gene von Epilepsie zu kartieren. Das war damals auch die einzige Möglichkeit, um nach Yale zu kommen und dort zu bleiben: Epilepsieforschung. Ich habe also Epilepsie studiert, Epilepsie in Kombination mit meinem Spezialgebiet der Gangliosiden, dann Epilepsie und dessen Gene, alles immer in Verbindung mit Epilepsie.

Hier eine interessante Nebengeschichte: In den späten 70ern habe ich damals mal der Fakultätsleitung von Yale vorgeschlagen, dass wir doch die ketogene Ernährung auch mal in unsere Experimente miteinflechten könnten. Das war 1978 oder 1979, sowas um den Dreh. Aber die Uni antwortete darauf "Oh, das ist passé. Keiner macht bei Epilepsie mehr was mit ketogener Ernährung."

Foucher:
Was hat sie dazu bewogen, diese Sache in Erwägung zu ziehen?
Hatten sie sich andere Studien in diesem Bereich angesehen, die Keto als Mittel bei Epilepsie besprachen?

Dr. Seyfried:
Ja, genau! Ich hatte mir gedacht "Hey, das hier sieht doch ziemlich interessant aus. Versuchen wir's doch mal!" Aber die Universität meinte "Nein nein, da ist alles Schnee von gestern, vergessen sie das mal lieber. Die Ernährung hat mit Epilepsie gar nichts zu tun..."

Foucher:
Interessant.

Dr. Seyfried:
Erst viel später, als ich dann am Boston College war, erfuhr ich wieder davon. Eine meiner Studentinnen hatte ein Meeting in Seattle besucht, ein Meeting, in dem die Grundmechanismen von Epilepsie thematisiert wurden. Dort war auch. Den kennt man vielleicht heute nicht mehr, aber Jim Abrahams war damals ein richtig berühmter Mann.

Er war ein Filmproduzent in Hollywood, er hat zum Beispiel die ganzen *Airplane!* Filme produziert und auch die Filmereihe *Die nackte Kanone*, sowas in der Art.

Auf jeden Fall hat er damals angefangen, lautstark Keto zu bewerben, aufgrund seiner eigenen tragischen Familiengeschichte. Sein kleiner Sohn Charlie litt an höchstgradiger Epilepsie, mit massiven Anfällen, mehrere Dutzend am Tag soweit ich mich erinnere. Charlie stand kurz vor dem Tod, da die Anfälle immer schlimmer und schlimmer wurden.

Erst nach einer verzweifelten Suche nach einer Behandlungsmethode stieß Jim zufällig auf Keto - und das hat seinen Sohn kuriert! Deswegen hat er dann die *Charlie Foundation* [Stiftung] gegründet, um die ketogene Ernährung in die öffentliche Wahrnehmung zu bugsieren.

Jim hat sogar seine Freundin Meryl Streep dafür gewinnen können einen Film zu drehen, er trägt den Titel *First: Do No Harm*. Darin geht es um Ärzte, die unentwegt versuchen, einem an Epilepsie erkrankten Kind diverse Medikamente einzuflößen. Das Kind wird aber von diesen

Medikamenten eher noch kränker und geht langsam vor die Hunde. Der Film ist praktisch eine Verfilmung von Jims Sohn Charlie.

Naja, auf jeden Fall hat Jim die ketogene Ernährung durch einen Zufall entdeckt und hat dann damit angefangen, seinen Sohn Charlie auf diese Diät zu setzen. Die Ergebnisse stellten sich sehr schnell ein und waren viel besser als alles, was die Ärzteschaft zustande gebracht hatte mit all ihren modernen Medikamenten! Soweit ich weiß ist Charlie seit damals sehr gut ergangen, trotz Epilepsie. Er hat sogar an der Uni seinen Abschluss gemacht und ich glaube er ist mittlerweile auch verheiratet. Dem geht es wirklich gut!

Jim Abrahams war aber so dermaßen wütend auf das System, dass er diese Stiftung gegründet hatte, um Keto in das Licht der Öffentlichkeit zu tragen.

Diese ganze Geschichte hatte also damals eine meiner Studentinnen in Seattle mitbekommen und als sie nach Boston zurückkam hat sie mir erzählt, dass Keto jetzt wieder in Mode kommen wird, daran wäre kein Zweifel. Naja, "wieder" ist vielleicht das falsche Wort, denn meine Studentin hatte zuvor kein Sterbenswörtchen davon gehört in ihrem Studium.

Ich wusste schon, um was es sich bei der ketogenen Diät handelt, ich hatte ja schließlich in der Epilepsieabteilung des Boston College einen Haufen wissenschaftliche Studien gelesen. Meine Studentin meinte also, wir sollten da unbedingt mitmachen, in diesem "neuen" Forschungsgebiet. Tja, aber die Fakultätsleitung machte uns diesen Strich durch die Rechnung, denen war Keto als Mittel gegen Epilepsie völlig schnurz!

Sie war aber dermaßen von dieser Idee begeistert, dass wir dann doch anfingen, Keto bei unseren Experimenten miteinzubringen. "Naja, egal. Versuchen wir's einfach". Wie gesagt, das war am Boston College - und Unterstützung von oben hatten wir eher wenig.

Foucher:
Hier sieht man wieder, wie sehr Enthusiasmus und Begeisterung einen nach vorne bringen können, selbst als Studentin.

Dr. Seyfried:
Ja, das stimmt schon, Sie war wirklich sehr überzeugungsstark, das muss ich ihr lassen. Sie bestand darauf, dass wir das Ganze nochmal neu aufrollen sollten, "wir müssen uns das nochmal ganz genau ansehen", meinte sie.

Dann kam noch folgendes hinzu: Ich hatte ja damals in Yale an den Lipiden, den Gangliosiden geforscht. Ich erfuhr dann, dass Gangliosiden in Tumoren abnormal wären, also gab ich meiner Lipidforschung eine neue Richtung und erforschte das Verhalten dieser Lipide inner-

halb von Tumoren. Um das zu bewerkstelligen, mussten wir aber erst
Modelle entwerfen, die einen Gehirntumor ordentlich abbilden könnten. Das war eine Zeitlang mein Hauptgebiet in Yale, sowohl die Modelle zu perfektionieren und dann natürlich, die Gangliosiden in diesen Gehirntumoren zu untersuchen.

Insgesamt war dieses Forschungsprojekt damit beschäftigt, die biochemischen Abnormalitäten innerhalb eines Tumors zu untersuchen
könnte man sagen. Wie gesagt, das war noch in Yale, innerhalb meiner
Doktorandenzeit.

Als ich dann von Yale nach Boston ging und meine Professorenstelle
antrat, haben wir damit angefangen, diese Gehirntumormodelle bei
Mäusen neu nachzubauen. Wir haben das Yale Programm in Boston
neu aufleben lassen.

Diese Mausmodelle waren wirklich sehr ausgereift und wir haben
mehrere Varianten davon entworfen. Dann kam aber natürlich das
Ganze Gen-Kartieren von Epilepsie hinzu... und dann, mit meiner extrem motivierten Studentin, transformierte sich das Ganze schließlich
in ein Forschungsprojekt, welches schlussendlich die ketogene Ernährung als Mittel gegen Krebs zum Mittelpunkt hatte.

Aber ich habe gerade einen Zeitraum von knapp 20 Jahren zusammengefasst... wie gesagt, die Geschichte hinter meiner Hypothese ist
sehr weitläufig und kompliziert.

Ich kann ihnen aber sagen, wann genau Keto gegen Krebs erstmals
in der Forschungspraxis auf unserem Radar erschien: Es begann erst
ganz unscheinbar, mit Experimenten in denen die Kalorien reduziert
wurden. Im Jahre 1999 stieß Dr. Mukherjee zu unserem Team hinzu.
Sie war ein großer Verfechter von Kalorienreduktion...

Die Geschichte jetzt neu aufzurollen ist schon irgendwie amüsant,
ich glaube das steht auch im Buch von Travis Christofferson. Auch
er hat mich damals gefragt, wie es denn zu dem ganzen kam. Es ist
eben so, dass verschiedene Dinge innerhalb meiner Forscherkarriere
Thema waren, dennoch traten sie nicht unbedingt zeitgleich auf.

Aber gut... auf jeden Fall hatten wir während unserer Arbeit an den
Gangliosiden dieses Medikament zu Gesicht bekommen. Zur Erinne-
rung: Wir haben diese Lipide erforscht, um mehr über das Tay-Sachs-
Syndrom zu erfahren, eine schlimme Krankheit.

Diese neuartige Medikament, NBDNJ, schien damals diese Krankheit zum Positiven zu beeinflussen. Und da ich damals in diesem Bereich forschte, die Lipidspeicherungsdefekte analysierte, stolperten wir
über dieses Medikament, welches augenscheinlich irgendetwas in diesem Stoffwechsel zu beeinflussen schien.

Wir haben also spontan entschlossen - ich weiß nicht mehr, ob ich
das war oder einer meiner Studenten - dieses Mittel an unseren Mausmodellen auszuprobieren. An den Mäusen mit Gehirntumor. Wir woll-

ten einfach wissen, ob dieser Medikament das Verhalten der Gangliosiden im Gehirn tatsächlich verändern könne.

Einer meiner Kollegen, Frances Platt von Oxford in England, hatte
mich darauf aufmerksam gemacht. Er hatte schon gute Ergebnisse mit
NBDNJ erzielt und war recht angetan, "Hey Tom! Wir haben hier dieses
neue Medikament gegen Tay-Sachs, schau dir das mal an! Ziemlich aufregend!"

Wir haben kurzentschlossen eine Versuchsreihe mit diesem Medikament durchgeführt. An dieser Stelle sollte ich noch erwähnen, dass
das damals noch ging, einfach so. Die Versuchstiere wurden uns nämlich kostenlos zur Verfügung gestellt. Heutzutage kosten aber Mäuse
für Versuchsreihen dieser Art ein Vermögen! Weil es damals aber noch
gratis war, haben wir uns einfach gedacht "Auf geht's, einen Versuch
ist es wert!" - und haben ein Protokoll formuliert, wie wir genau vorgehen wollten.

Wir haben den Mäusen also dieses Mittel verabreicht, und was ge-
schah? Plötzlich fingen die verdammten Tumore an zu schrumpfen! Bei
den Mäusen, die dieses Medikament bekommen hatten.

Das waren wirklich tolle Ergebnisse und ich habe sofort bei der
Firma angerufen, die dieses Medikament herstellte und ihnen davon
berichtet. Die waren natürlich perplex, weil ihr Mittel gar nicht dafür
gedacht war, bei Tumoren Wirkung zu zeigen. Das Einsatzgebiet von
NBDNJ war ein völlig anderes, es sollte ja eigentlich nur auf den Gangli-
osidenstoffwechsel einwirken und bei Tay-Sachs eingesetzt werden...
Mein Kollege Frances und ich haben denen also berichtet, dass deren
Mittel anscheinend dafür verwendet werden kann, Tumore zu schrumpfen.

Die Hersteller wurden mit dieser Neuigkeit ziemlich überrumpelt
und zeigten schnell großes Interesse. War ja klar: Das Tay-Sachs-Syndrom kommt extrem selten vor, vielleicht einer von 100.000 Menschen
erkrankt daran. Es ist eine verheerende Krankheit, vor allem Kinder
haben daran zu leiden. Wirklich sehr schlimm - und an der Heilung
dieser Krankheit arbeiten wir auch heute noch.

Dennoch waren die Verantwortlichen bei der Firma speziell wegen
den Tumorergebnissen völlig aus dem Häuschen, denn mit einem
Mittel gegen Krebs lässt sich eine Unmenge mehr Geld verdienen als mit
einem Mittel gegen Tay-Sachs. Als sie also davon erfuhren, dass ihre
Gangliosiden-Arznei Tumore schrumpfen könnte, da fragten sie mich
ohne Umschweife:

"Okay, Dr. Seyfried. Wieviel Geld brauchen sie für diese Forschung? Wir wollen, dass sie sich das ganz genau ansehen, dass sie eine Studie erstellen über unser NBDNJ. Nennen sie uns einfach den Betrag und wir stellen ihnen den Scheck aus!"

Ich sagte denen "Naja, das wird schon 200,000 Dollar kosten..."

"Kein Problem!" Die haben mir tatsächlich sofort den Scheck ausgestellt und ihn an die Universität geschickt, der war mehr oder weniger schon am nächsten Tag im Postkasten. 200,000 Dollar für die Forschung an diesem vermeintlichen Wundermittel, das das Wachstum von Tumoren verhindert.

Mit diesen Forschungsgeldern haben wir dann angefangen, detaillierte Experimente durchzuführen. Wir haben die Stoffwechselwege der behandelten Mäuse ganz genau nachvollzogen und auch viele andere Dinge gemessen. Und wie sich herausstellte, war es so, dass die Mäuse, die das Medikament zu fressen bekamen, an Gewicht verloren! Das kam uns ziemlich komisch vor, denn sie fraßen eigentlich nach wie vor die gleichen Futtermittel. Für exakt diese Arbeit hatte ich Dr. Mukherjee damals angeworben, denn sie hatte bereits Erfahrung mit Experimenten, die Kalorienreduktion bei Tiermodellen beobachteten.

Purna fiel ein weiterer Effekt auf, den NBDNJ auf die Mäuse hatte: "Das Medikament wirkt stark anti-angiogen" sagte sie. Diese Wirkung fanden wir auch extrem spannend, denn er bedeutet, dass Blutgefäße und andere wichtige Teile des Tumors weniger gut versorgt werden. Aber wie gesagt, dann haben wir festgestellt, dass die Tiere die das Mittel mitfraßen an Gewicht verloren.

Irgendwie bekamen wir von einer anderen Forschergruppe mit, dass wir bei dieser Art von Wirkstoff acht geben sollten, da sie eine indirekte Kalorienreduktion herbeiführen würden!

Also machten wir alsbald eine neue Versuchsreihe um diese neue Information auf ihre Stichhaltigkeit zu prüfen. Wir teilten eine Versuchsgruppe in folgende Untergruppen auf:

- Tiere, die kein Medikament bekamen - deren Tumore wuch- sen wie verrückt (Gruppe 1)
- Tiere, die das Medikament bekamen - bei denen wuchsen die Tumore viel langsamer (Gruppe 2)
- Und noch eine dritte Gruppe: Tiere, die das Medikament nicht bekamen - aber bei denen die Menge des Futters exakt so eingestellt wurde, dass sie genau so viel abnehmen wie die Tiere der zweiten Gruppe (Gruppe 3)

Was war das Ergebnis dieser Vergleichsgruppe? Nun ja, die Resultate von Gruppe 2 und Gruppe 3 waren exakt die gleichen. Das bedeutete, dass das Medikament selbst überhaupt keine Wirkung auf die Tumore hatte - es war nur deswegen wirkungsvoll, weil es die Mäuse indirekt veranlasste, weniger zu essen. Deswegen nahmen die Mäuse ab und die schrumpfenden Tumore war lediglich auf diese indirekte Kalorienreduktion zurückzuführen!

Foucher:
Von diesen Ergebnissen war der Hersteller wohl kaum begeistert, oder?

Dr. Seyfried:
Aber Hallo, die waren ziemlich wütend! Die wollten mir doch glatt vorschreiben, wie ich meine Studie zu formulieren hätte: "Dr. Seyfried, beim Veröffentlichen ihrer Ergebnisse müssen sie sich unbedingt darauf fokussieren, dass die Gangliosiden in den Tumoren positiv verändert wurden. Der Effekt unseres Mittels auf den Tumor, das ist das Wichtigste daran!" Ja, das war schon richtig, das Medikament hatte sich durchaus auf die Gangliosiden ausgewirkt. Aber das war nicht das Verdienst von NBDNJ, der Wirkstoff war nicht der Auslöser. Das Ganze hat funktioniert, weil deren Wirkstoff eine Kalorienreduktion herbeigeführt hat, sonst nichts.

Im weiteren Verlauf dieser Studienreihe haben wir dann noch nachgewiesen, dass eine solche Kalorienreduktion bei Mäusen den Blutzucker deutlich vermindert und die Ketonkörper nach oben schießen. Letzten Endes stießen wir dann auf Otto Warburg, der diese Art von Stoffwechselanomalie bei Krebs schon vor vielen Jahren nachgewiesen hatte.

Denn uns war ja noch immer nicht klar, mit war wir es hier zu tun hatten. Ich dachte mir "Was ist hier los? Was ist bei dieser Sache der Mechanismus, warum funktioniert das mit der Diät so gut?" Es funktioniert, weil die Kalorieneinschränkung den Blutzucker, die Glukose vermindert - und Warburg hatte schließlich behauptet, dass Glukose das Tumorwachstum fördert und dass Krebszellen einen defekten Stoffwechsel haben. Krebszellen haben keine normale Atmung, keine normale Respiration mehr.

Tja, also haben wir das dann alles wahrheitsgemäß veröffentlicht. Die Chefs der Firma wollten unbedingt, dass ich das Wichtigste draußen lassen, "sagen Sie bloß nichts von der Kalorienreduktion!" Aber nichts da, ich habe die Ergebnisse so publiziert wie es sich gehört und natürlich auch das Experiment mit den 3 Einzelgruppen erwähnt. Die waren vielleicht sauer, wie man sich vorstellen kann - und mit den Forschungsgeldern war es dann auch vorbei. Von denen haben wir kein mehr bekommen, denn der Mechanismus, den wir entdeckt haben, der war... der war für sie nicht sexy, sozusagen.

Foucher:
Genau, denn mit diesem Ergebnis, diesem Mechanismus würden sie überhaupt nichts verdienen.

Dr. Seyfried:
Nein, keinen müden Cent. Klar, wenn man das gleiche Ergebnis bekommt, indem man einfach nur weniger isst, dann braucht logischerweise auch keiner deren Medikament. Das war's dann mit unserer Studienunterstützung.

Foucher:
War das dann der Anfangspunkt in ihrer Krebsforschung? War diese Studie dafür verantwortlich, dass sie sich erstmals mit der Arbeit von Otto Warburg befassten?

Dr. Seyfried:
Ja genau, das war der entscheidende Funke. Zum damaligen Zeitpunkt hatte ich schon irgendwie von Warburg gehört gehabt, ich meine, er ist eine Lichtgestalt der Biochemie. Jeder kennt seinen Namen, viele grundlegende Dinge wurden nach ihm benannt. Es gibt hier einen Warburg-Apparat, dort ein Verfahren nach Warburg, und so weiter.

Es war aber stets so, dass in meiner Forschung seine Theorien niemals richtig nötig waren. Wie sie noch wissen bin ich Genetiker und im Gebiet Biochemie war meine Spezialität die Lipidforschung, dann war ich noch mit den Gangliosiden beschäftigt, dann noch Epilepsie... Wir wurden mit seiner Arbeit nicht wirklich konfrontiert. Aber dann, als wir recherchieren mussten, was es mit diesem Glukosestoffwechsel bei Krebs auf sich hat, da entdeckten wir seine Arbeit erstmals in voller Bandbreite - und auch, was die Implikationen waren!

Ich fand dann unter anderem eine Fallstudie von Linda Nebeling - wie Sie sich vielleicht noch erinnern können, habe ich ihre Arbeit in meinem Vortrag erwähnt. Diese Fallstudie wurde im Jahre 1995 veröffentlicht und sie erzählt darin, wie sie diese kleinen Kinder, die an Gehirnkrebs erkrankt waren, medizinisch behandelte. Dr. Nebeling hat sie auf eine ketogene Ernährung gesetzt, um den Blutzucker zu senken und die Ketone zu erhöhen - basierend auf der Theorie von Warburg!

Nun ja, Otto Warburg selbst hatte nicht allzu viel von Ketonen erwähnt, das war damals noch nicht richtig erforscht. Wir sprechen ja von den 1920er, 1930er Jahren! Was Warburg aber mit Bestimmtheit wusste, war, dass die Krebszellen Glukose fermentieren, soviel war klar.

Exakt diesen Zusammenhang, diesen Stoffwechselmechanismus hatten wir dann durch Zufall beim Erforschen dieses "Superwirkstoffes" entdeckt, von dem wir dachten, er wäre direkt für das Schrumpfen der Tumore verantwortlich. Aber wie sich dann herausstellte, war es die Wirkung der Blutzuckersenkung in Kombination mit dem höheren Spiegel an Ketonen.

Als mir das alles damals bewusst wurde, war mir die Verbindung zu Epilepsie sehr schnell klar: "Das ist genau der Grund, warum wir bei Kindern mit Epilepsie eine ketogene Ernährung verordnen: Wir senken den Blutzucker und erhöhen die Ketone. Mit dieser Methode verhindern wir die epileptischen Anfälle."

Und wie sich rausstellte hatte das vermeintliche Krebsmedikament genau die gleiche Wirkung, aber hier wurden keine Anfälle verhindert, sondern das Krebswachstum wurde eingeschränkt. Nach Otto Warburg liegt das daran, weil die Krebszellen einen beschädigten Energiestoffwechsel haben. Wir mussten uns also dann schließlich eingehend mit seiner Hypothese befassen - und letzten Endes stellte sich heraus, dass Warburg recht gehabt hatte!

Foucher:
Können Sie vielleicht für unsere weniger wissenschaftlich bewanderten Zuhörer noch einmal genauer erläutern, was seine Theorie war? Und wie genau Warburgs Theorie der aktuellen vorherrschenden Lehrmeinung über Krebs widerspricht?

Dr. Seyfried:
Naja, Warburg hatte die bahnbrechende Entdeckung gemacht, dass alle Krebszellen große Mengen an Milchsäure produzieren. Diese Entdeckung wurde in vielen Studien reproduziert, weltweit. Die Tumore holen Glukose in die Zelle und als Endprodukt kommt dabei Milchsäure raus.

(Nebenbei bemerkt, können wir uns diesen extrem hohen Blutzuckerverbrauch von Krebszellen auch bei der Diagnose zu Nutze machen: Mittels spezieller PET-Scanverfahren via Fluorodeoxyglucose, sehen wir ganz genau wo die Tumore sich befinden, da sie so wahnsinnig viel Glukose in ihrem Stoffwechsel benötigen. Da leuchten die Scans richtig auf!)

Wenn wir noch weiter zurückgehen, gelangen wir zu Louis Pasteur. Er hatte im 19. Jahrhundert entdeckt, dass Hefezellen fermentieren. Dabei entsteht Milchsäure. Jetzt kommt aber ein wichtiger Punkt: Sobald die Hefezellen mit Sauerstoff in Berührung kommen, hören sie damit auf zu fermentieren und schalten stattdessen auf Sauerstoffatmung um, auf Respiration. Dieses Phänomen nennen wir den *Pasteur-Effekt.*

Otto Warburg hatte in seiner Forschung diesen Pasteur-Effekt ebenfalls erwähnt - und zwar dahingehend, dass Krebszellen einen fehlerhaften Pasteur-Effekt hätten.

Wie ist er darauf gekommen? Naja, er hat die Experimente durchgeführt! Selbst wenn man den Krebszellen Sauerstoff zur Verfügung stellt, machen sie damit weiter Milchsäure zu produzieren. Selbst wenn sie genügend Sauerstoff haben, wird weiter fermentiert! Dieses Phänomen widersprach ganz klar der Theorie, die Louis Pasteur aufgestellt hatte. Warburg konnte sich nicht erklären, wie das möglich sein kann: "Wie kann das sein? Warum fermentieren die Krebszellen weiter, trotz Sauerstoff?" In seinen Experimenten hat er die Krebszellen in reinen Sauerstoff gesetzt, 100%! Nichtsdestotrotz kam dabei Milchsäure raus... wirklich unglaublich.

Für Otto Warburg gab es dann nur noch eine schlüssige Erklärung: Der Respirationsapparat der Krebszellen ist defekt. Weil diese Zellen nicht mehr normalen Stoffwechsel betreiben können, müssen sie auf Fermentation umsteigen, welche keinen Sauerstoff benötigt. Um diese Theorie zu beweisen hat er allerlei elegante Experimente durchgeführt, eines nach dem anderen. Dabei hat er sich immer abwechselnd angesehen, wie sich normales Gewebe verhält und anschließend, wie sich das Krebsgewebe verhält. Unter wechselnden Bedingungen, und so weiter.

Schlussendlich war sein Fazit, dass bei Krebszellen der normale Energiestoffwechsel defekt sei, weswegen sie auf Fermentation umsteigen müssen.

Aber stellen Sie sich vor, viele Wissenschaftler glaubten ihm nicht. Nicht mal heute, auch heutzutage melden viele ihre Zweifel an ob seine Theorie überhaupt der Wahrheit entspricht! Denn wenn sie zugeben würden, dass seine Theorie stimmt, dann müssten sie auch zugeben, dass alle anderen Theorie im Feld der Krebsforschung ganz schön falsch sein müssen.

Aber darauf hat keiner von denen Lust, es wird lieber mit allen scheinheiligen Ausreden der Status Quo verteidigt. Sie behaupten, die Theorie von Otto Warburg wäre falsch - obwohl diese Krebsforscher oftmals überhaupt keine Ahnung haben, was seine Theorie eigentlich besagt. Oder sie wissen ein paar Fetzen, die sie von Kollegen gehört haben - die gar nicht Teil seiner Theorie sind.

Das zieht sich soweit hinauf, dass selbst die Top-Experten namhafter Unis behaupten, dass Warburgs Theorie falsch wäre! Ich habe mein Buch nicht zuletzt auch deswegen geschrieben, um zu beweisen, dass

Warburg tatsächlich recht hatte. Und dabei habe ich mich nicht lumpen lassen, ich habe wirklich Unmengen an Daten und Zahlen gesammelt, hunderte von Experimenten überprüft, aus mehreren Dekaden an Forschung. Dabei habe ich nichts ausgelassen, die Elektronenmik- roskopie wurde abgedeckt, die Biochemie von Proteinen, von Lipiden... ich habe dabei nichts Wichtiges übersehen. Mein Buch habe ich wirklich nach bestem Wissen und Gewissen erstellt.

Und um eins klarzustellen: Ich habe nicht "nur" die Studien, die Faktenlage zusammengetragen - ich habe natürlich dann auch in meinem Labor die dementsprechenden Studien durchgeführt. Wir konnten auf vielen verschiedenen Wegen eindrücklich nachweisen, dass bei Tumoren von Mäusen der Stoffwechsel, der Atmungsapparat beschädigt ist. Daran gibt es keinen Zweifel, bei Krebs ist der Stoffwechsel gestört! Deswegen müssen Krebszellen auch fermentieren, genau wie es die Theorie von Otto Warburg vorhersagt.

Trotzdem werden diese Forschungsergebnisse ignoriert. Ich sage nicht, dass sie angezweifelt werden, denn sie wurden schon zigfach reproduziert. Nein, es herrscht eine große Ignoranz. Die Experten wollen die gegenteiligen Studien totschweigen, weil sie ihrem alten Dogma die Glaubwürdigkeit nehmen würden. Es ist wohl eine psychologische Sache, so in der Art wie sie Thomas Kuhn in seinem *Paradigmenwechsel* beschreibt.

Es wäre für die Verantwortlichen einfach nicht tragbar, öffentlich zuzugeben, dass dieser Typ die ganze Zeit recht gehabt hatte und sie seit Jahrzehnten in die falsche Richtung forschen.

In diese psychologisch Kerbe schlägt auch die Person Otto Warburg selbst: Wir dürfen nicht vergessen, dass Warburg ein deutscher Wissenschaftler war - und dazu auch noch ein ziemlich arroganter. [Er bekam den Nobelpreis, wenn auch nicht für seine Krebstheorie.]

Historisch war er vor allem in den Jahren um den zweiten Weltkrieg aktiv... und wir wissen ja, was die Meinung von deutschen Wissenschaftlern in den USA, bzw. weltweit ist. Zumindest im Zeitraum nach dem zweiten Weltkrieg.

Dass Otto Warburg nicht gerade beliebt war liegt auch daran, dass Hitler ihn verschont hatte, ihm Respekt zollte. Hitler hatte nämlich eine Heidenangst vor Krebs und hatte sich gedacht, dass es schlau wäre, den weltweit führenden Krebsexperten am Leben zu lassen, obwohl Warburg zum Teil Jude war. Laut Hitler "ist es meine Sache, zu entscheiden, wer Jude ist und wer nicht!" Also hat er Warburg durchkommen lassen, um vielleicht mal sein eigenes Leben zu retten.

Man könnte fast zynisch behaupten, wenn die Deutschen den Krieg gewonnen hätten, dann hätte die Menschheit den Krebs vielleicht schon besiegt!

Wie so oft war es dann so, dass nach dem Krieg alle Wissenschaftler aus dem deutschsprachigen Raum völlig diskreditiert waren. Keiner wollte ihren Mumpitz mehr glauben, auch wenn er der Wahrheit entsprach. Den Deutschen gab keiner mehr Recht, besonders im Elitezirkel der Wissenschaften.

Foucher:

Also war der Krieg der Grund dafür, warum diese Theorie links liegen gelassen wurde? Weil die Theorie der Deutschen mehr oder weniger falsch sein mussten, weil sie "böse Menschen" waren?

Dr. Seyfried:

Das war mit Sicherheit einer der Gründe. Aber die Liste lässt sich noch mit fachspezifischen Problemen fortsetzen.

Punkt 1: Es war immer umstritten gewesen, was denn die Quelle der Milchsäure im Blut genau wäre. Kam sie wirklich aus dem defekten Stoffwechsel? Oder war doch etwas anderes der Grund dafür? Es gab Experimente, die gegen Warburgs Theorie sprachen, die aber nicht korrekt durchgeführt wurden. Andere Experimente bestätigen wieder die Theorie von Warburg, diese wurden korrekt durchgeführt. Damals war also noch eine ziemlich Verwirrung, was der Ursprung der Milchsäure wäre.

Und dann kam Punkt Nummer, 2... das war ein Paukenschlag aus einer ganz anderen Richtung, der nichts mit Stoffwechsel direkt zu tun hatte. Watson und Crick hatten kurz zuvor die Struktur der DNS entschlüsselt, und siehe da: Die DNS von Krebszellen war abnormal, war beschädigt.

Damit war's erst mal vorbei mit irgendwelchen Stoffwechseltheorien, denn die Erforschung der DNS war jetzt das heiße Ding der Szene! An der DNS zu forschen war sexy und neu und modern, keiner hatte mehr Lust mit den plötzlich 'antiquierten Methoden' Zeit zu verplempern - alle Wissenschaftler, die sich einen Namen machen wollten, waren Feuer und Flamme um Gene zu entschlüsseln. Daran hat sich seitdem auch nichts geändert, in Jahrzehnten nicht. Das gesamte Feld der Krebsforschung hat sich in sauberer Lemming-Manier der Gentheorie verschrieben. Klassisches Gruppendenken, jeder wollte und will in der "coolen" Genclique sein.

Man kann es den Wissenschaftlern vielleicht auch nicht verdenken, die Entdeckung der DNS war schließlich epochal. Wir konnten erstmals Defekte der Gene im molekularen Bereich beobachten. Wir konnten plötzlich nachvollziehen, wie unsere Gene und wie unsere DNS alles steuert. Als dann schließlich Gendefekte in Tumorzellen entdeckt wurden, war es um die Krebsforschung geschehen.

Foucher:
Das hört sich danach an, als hätte es vor allem an dem Timing gelegen.

Dr. Seyfried:
Ja. Das Timing kam mit der Diskreditierung der deutschen Theorien, beides hat sich wohl gegenseitig verstärkt. Und wie gesagt haben dann die Biochemiker alles stehen und liegen gelassen, um sich diesen genetischen Schäden in den Krebszellen zu widmen. Sie dachten, dass an dieser Stelle ganz bestimmt die Ursache der Krankheit zu finden wäre. Auch vorher schon hatten andere Leute darauf hingewiesen, dass Krebs womöglich eine Krankheit wäre, die im Erbgut ihren Ursprung hat: Boveri hatte schon Anfangs des 20. Jahrhunderts abnormale Chromosomen bei Krebs entdeckt und darauf gepocht, dass dies der Herd der Krankheit sei.

Damals waren die Experten aber noch skeptisch und waren der Meinung gewesen, dass die Schäden an den Chromosomen nur Folgeeffekte wären. Außerdem gab es in der Zeit vor dem zweiten Weltkrieg noch genügend andere glaubhafte Paper, die behaupteten, Krebs wäre keine Erbkrankheit sondern hätte mit den Mitochondrien zu tun.

Aber dann, als die DNS ans Tageslicht kam, mit ihren Gendefekten, dann war es vorbei.

Der finale Nagel in den Sarg der Stoffwechseltheorie war dann, als Nobelpreise an diese Wissenschaftler gingen. An Wissenschaftler, die abenteuerliche DNS-Entdeckungen machen, die von Onkogenen und von Tumor-Suppressorgenen sprachen. Das war dann nicht nur der neueste Schrei, er wurde von der allerhöchsten Obrigkeit auch noch mit Preisen überschüttet.

Und da der Mensch nun mal gerne im Strom mitschwimmt, waren die Kollegen und Studenten der Preisträger der einhelligen Meinung, dass jetzt das Ende von Krebs kurz bevor stünde (von der allgemeinen Öffentlichkeit ganz zu schweigen). Mit dem Nobelpreis im Rücken kann wohl keiner mehr bezweifeln, dass dies der richtige Weg sei.

Die neue Generation von Wissenschaftlern hat also ebenfalls diesen Weg beschritten und ein Ende ist nicht in Sicht. Jeder will unbedingt der nächste sein, der das neueste Krebs-Gen aus seinen Experimenten zieht.

Foucher:
Ja, das ist schon jammerschade. Ich finde aber, dass Sie es bei ihrem Vortrag sehr gut hingekriegt haben, den Unterschied zwischen ihrer Theorie und der allgemein geglaubten Theorie klarzumachen. Die allgemein geglaubte Theorie besagt, dass Krebs von den Schäden an der DNS im Zellkern, im Nukleus verursacht wird - während ihre Theorie

besagt, dass diese Krankheit erst durch die Schäden in den Mitochondrien ausgelöst wird. Und dass die schadhaften Mitochondrien dann erst
den Nukleus und die Nukleus-DNS in Mitleidenschaft ziehen, als Fol-
geeffekt.

Dr. Seyfried:
Stimmt genau. Ich habe einfach nur die Daten in den richtigen Zusammenhang gebracht und nachgewiesen, dass die ganzen Genmutationen aus den Schäden resultieren, welche dem Energiestoffwechsel zu-
gefügt wurden. Diese Schäden produzieren reaktive Sauerstoffspezies,
die dann die Mutationen im Zellkern erst verursachen. Im Grunde genommen sind die Mutationen die Folge und nicht die Ursache von
Krebs.

Mit dieser Perspektive können wir die Frage "Was ist die Ursache
von Krebs?" viel besser beantworten. Die Ursache von Krebs ist der beschädigte Atmungsvorgang im Mitochondrium, die kaputte Respiration. Genau wie Warburg es beschrieben hatte. Das Problem an seiner
Theorie ist aber, dass er nicht wusste, auf welche anderen Arten die
Zelle auch noch Energie herstellen könnte, ohne Sauerstoff. An diesen
fehlenden Energieträgern forschen wir aktuell - mit unseren neuesten
Erkenntnissen füllen wir diese Lücke in seiner Theorie.

Damit sollte die ganze Kontroverse dann hoffentlich beendet sein.
Auch die kritischsten Skeptiker werden dann einsehen müssen, dass
Warburg recht hatte und dass Krebszellen mehr als nur Glukose fermentieren können. Mit diesem Wissen können wir jetzt endlich daran
gehen, Krebs in seinen Anfängen zu erklären und sinnvolle Behand-
lungs- und Präventationsmethoden entwerfen. Das wird wohl ein Paradigmenwechsel, wie ihn die Medizin nur selten gesehen hat!

Wenn wir aber einen Schritt zurücktreten und uns das Gesamtbild
betrachten, wird das Ganze nicht so einfach wie es sein sollte. Das Problem ist leider - wie wir in dieser Konferenz leider allzu oft mitbe- kommen haben - dass steigende Konzerngewinne wichtiger zu sein scheinen
als das Wohl der Patienten. Wir werden Krebs niemals in den Griff
kriegen, solange das Geldscheffeln der Pharma- und der Kranken-
hausindustrie Priorität hat.

Dass der Profit an erster Stelle steht, sieht man erst wenn man
sich die Zahlen anschaut: Was kostet denn der Pflegestandard, was
bringt er den Konzernen ein - und was kostet ein Umstieg auf Keto und
die anderen Maßnahmen von Press-Puls? Fast gar nichts, im Vergleich
zu- mindest.

Weil das System aber nun mal so aufgestellt ist, können wir da von
oben nichts machen. Die Politik ist hier ja auch mit an Bord. Deswegen
müssen wir uns an den kleinen Arzt vor Ort richten und ihm in's
Gewissen reden:

Hört doch bitte damit auf, die Drogendealer für die Pharmaindustrie zu spielen! Auch darüber haben wir bei dieser Konferenz schon gesprochen... Es ist aber nun einmal Fakt, dass viele Ärzte sich zu Handlangern von Big Pharma haben machen lassen. Ich behaupte nicht, dass sie gerne Komplizen in diesem Spielchen sind, aber...

Foucher:
... aber sie kommen aus dem System einfach nicht raus. So sind nun mal die Regeln.

Dr. Seyfried:
Das System zwingt sie mehr oder weniger dazu, so zu handeln. Und sobald man mal in deren Fängen ist, sieht es ziemlich düster aus. Bei mir ist das etwas ganz anderes: Ich bin in diesem System nicht drin, in diesem "Diagnose - Pflegestandard - Operation & Medikamente-" Automatismus. Ich bin von Beruf Wissenschaftler, kein Arzt - und deshalb kann ich auch sagen, was verdammt noch mal hier schief läuft! Mit können nen sie keine ärztliche Lizenz entziehen, Gott sei Dank.

Aber ich habe viele Freunde, die in diesem System ihre Arbeit tun müssen - wenn die das anwenden würden, was wir empfehlen, würden die schnell einen auf den Deckel kriegen. Gehörig! Deswegen kritisiert auch keiner den Pflegestandard oder macht etwas Unorthodoxes. Wer will schon seine Lizenz verlieren und dazu gezwungen sein, seinen Ärzteberuf an den Nagel zu hängen? Jegliche Abweichungen von dem, was das Establishment vorschreibt, werden sofort geahndet und sanktioniert.

Hier ist genau des Pudels Kern begraben: Wenn wir tatsächlich Krebs heilen wollen, müssen wir all den Nonsens beenden, den wir vom Establishment vorgeschrieben bekommen. Der ganze Schwachsinn mit Bestrahlung und Chemo, das Ganze Zeug, das können wir weglassen. Naja, ein klein wenig könnte man im Notfall noch beibehalten. Aber im Großen und Ganzen kriegen wir Krebs ohne toxische Medikamente in den Griff und müssen dabei auch keine Unsummen ausgeben, wie es aktuell der Fall ist!

Aber dieses System ist dermaßen durchsetzungsstark und mächtig... viele Ärzte wissen auch ganz genau, was hier abläuft. Ihnen sterben ja täglich die Leute unter den Fingern weg! Deswegen bleibt ihnen oft nichts anderes übrig, als die Wahrheit zu ignorieren. Wer kann es schon mit seinem Gewissen vereinbaren, dass er seinen Patienten Mit- tel und Therapien verschreibt, die für deren Gesundheit höchstgradig kontraproduktiv sind! Ganz zu schweigen von deren Lebensqualität, die geht sowieso als erstes den Bach runter.

Das kann und will sich keiner auf Dauer antun, deswegen müssen sie sich selber anlügen und ziehen es vor, auf ignorant zu schalten. "Ich

muss das alles so machen, ich kann nichts dafür. Big Brother hat es
mir so befohlen."

Aber selbstverständlich gibt es da draußen Ärzte, die ihr schlechtes
Gewissen nicht mehr länger unterdrücken können. Die in ihrer Seele
tief gepeinigt sind, da sie wissen, dass ihre Methoden verheerende Folgen haben. Ärzte, die darüber informiert sind, dass es auch andere Methoden gäbe, Krebs erfolgreich zu behandeln - die sich aber darüber im
Klaren sind, dass sie diese Methoden nicht anwenden dürfen! Wie frus-
trierend es für diese Mediziner sein muss, wage ich mir kaum vor- zustellen.

Foucher:
Gauben sie, dass viele Ärzte von diesen neueren Behandlungsmethoden wissen, von dieser Stoffwechseltherapie? Oder ist es nicht immer
noch so, dass ein Großteil der Ärzteschaft einfach noch nicht darüber
unterrichtet wurde?

Dr. Seyfried:
Es ist wohl so, dass viele davon wissen und es nicht machen, aber
auch viele gar keine Ahnung von dieser Theorie haben. Wahrscheinlich
weiß die große Mehrheit noch gar nichts darüber.

Wir dürfen uns hier nichts vormachen was die Lebensrealität von Ärzten ist: Sobald man einmal praktizierender Arzt ist hat man so viele Patienten, muss man sich um so viele Dinge kümmern was mit der Praxis zu tun hat die eine Menge Zeit verschlingen, da bleibt einfach keine
Zeit um sich um anderen Sachen zu beschäftigen. Wem gelingt es
schon, sich wirklich mal in Ruhe hinzusetzen und sich die aktuelle
Fachliteratur zu Gemüte zu führen - und auf Basis dieser Informationen seine Standardabläufe zu verändern? Und in diesem Szenario gehen wir davon aus, dass der Arzt wirkliches Interesse daran hat, sich
fortzubilden!

Wir haben nur einen kleinen Zeitraum innerhalb der Ausbildung
von Ärzten, in dem sie ohne den Stress einer Praxis forschen und nach-
denken können. Dieser Teil findet nach dem Studium statt, wir nennen
das Referendariat oder auch Assistenzzeit. Währenddessen können sie
Theorien auf den Zahn fühlen und sich wissenschaftlich mit moderne-
ren Dingen auseinandersetzen.

Und tatsächlich entdecken dann ein paar Ärzte, dass hier doch was
faul ist. Die sagen "Hey, was wir hier tun ist falsch!" Aber wenn diese
motivierten Leute dann ein paar Ebenen nach oben vordringen, um
ihre Zweifel vorzutragen, dann geht das fast immer nach hinten los.
Dann kriegen sie von den Chefärzten oder von ihren Professoren zu
hören, dass Warburg falsch lag. Punkt, aus. Dann wird ihnen auch
zwischen den Zeilen (oder geradeheraus) mitgeteilt, dass sie doch
gefälligst auf anderem Gebiet forschen sollten, sonst löst sich vielleicht

die Studienfinanzierung in Luft auf und eventuell fliegt man aus dem Referendariat, ohne Abschluss. Keiner will sich in eine solche Lage manövrieren und seine berufliche Zukunft auf's Spiel setzen, was ich ja auch nachvollziehen kann.

Foucher:
Es ist einfach noch zu kontrovers.

Dr. Seyfried:
Nicht nur das, es geht unmittelbar gegen die Interessen der Pharmaunternehmen - und wir dürfen nicht vergessen, wer hier die Studien finanziert. Zumindest einen großen Teil.

Apropos, schauen wir uns doch mal an was der neueste Schrei in der Krebsbehandlung ist: Die Immuntherapien. Die Werbung für diese Mittel haben sie sicher auch schon mitbekommen, die läuft oft mal im Abendprogramm. Mittel wie Keytrude oder Opdivo. [In den USA ist es legal, rezeptpflichtige Medikamente im Fernsehen zu bewerben]

Die haben sich nicht mal davor gescheut, Werbung für die CAR-T Immuntherapie zu schalten, man mag es nicht fassen. Geld vor Gewissen, das sage ich ihnen! Die CAR-T Therapie hat in den Studien unterm Strich gar keinen positiven Effekt: Bei einigen Leute hat es zwar geholfen - aber andere Leute hat es schlichtweg umgebracht! Aber von den Patienten, die dran glauben mussten, von denen spricht kein Mensch. Diese Fälle werden im wahrsten Sinne des Wortes todgeschwiegen.

Aber nicht nur der Laie wird von der Pharmaindustrie hinter's Licht geführt. Auch Ärzte lassen sich blenden von diesen "neutralen" Studien - Studien, in denen die Zahlen der positiven Wirkungen über alle Maßen hochgejubelt werden, während die Zahlen der Todesopfer nur in einem kleinen Nebensätzchen angeführt werden. So läuft das immer. Mit solchen Formulierungstricks - ganz zu schweigen von den statistischen Tricks - werden alle überzeugt, vom Dekan der medizinischen Fakultät bis zum Chefarzt der Krebsklinik. Dr. Revins hat uns ja von diesen Methoden in Kenntnis gesetzt: Das Establishment gibt uns nur die Infos, die wir glauben sollen. Die werden dann abgenickt, ohne Fragen zu stellen.

Wenn dann aber mal einer den Mund aufmacht und etwas gegen Big Brother sagt, dann wird das nichts mit der Message. So eine Nachricht wird nicht publik, die bleibt unterm Teppich. Keiner der großen Experten wird sich jemals vor die Kamera stellen und zugeben, dass sie in den letzten Jahrzehnten falsch gelegen haben, was Krebs angeht. Sei es ein Experte aus den Universitäten, den Kliniken oder von den großen Gesundheitsbehörden. Big Pharma hat die alle im Griff.

Die Message kommt also nicht an's Volk, sie wird nicht von oben herab verbreitetet wie es normalerweise sein sollte. Sie kommt auch bei den Ärzten nicht an, wie wir vorher besprochen haben: Die haben entweder kein Interesse, keine Zeit oder glauben all das, was die Studien versprechen. Nämlich, dass das Zeitalter der Immuntherapien den Krebs besiegen wird, endgültig.

Wenn also schon die Ärzte nichts davon wissen und die Experten (oder nichts davon wissen wollen), wie soll dann der kleine Mann von der Straße wissen, was hier eigentlich gespielt wird? Der sieht nur, was die Elite verkündet, was der Fernseher einem in's Wohnzimmer zaubert: "Ja super, wir machen tatsächlich wahnsinnige Fortschritte, was Krebs angeht!" Das ist die Meinung von Otto Normalverbraucher.

Wenn es dann aber mal hart auf hart kommt, wenn der Krebs bei einem selbst ausbricht, dann sieht es plötzlich anders aus. Dann trudeln nämlich die Rechnungen ein - und ob die allerneueste Behandlung mit diesen Supermitteln funktioniert hat, ist eher fraglich. Dann wacht so mancher auf und fragt sich ärgerlich "Was soll der Unsinn? Warum hat mir keiner gesagt, dass die Immuntherapie doch nicht so funktioniert, wie sie das angeblich tut? Und warum bitte schön hat mich das Ganze 400,000 Dollar gekostet?!"

Foucher:
Sie haben bei ihrem Vortrag ja auch die Zahlen präsentiert, wie schlecht es in Wirklichkeit steht - dass in Wahrheit die Todesraten steigen, und nicht sinken, wie man gemeinhin annimmt.

Dr. Seyfried:
Genau, das war ganz am Anfang. Wie gesagt, warum weiß keiner davon, wie es in Wirklichkeit steht? Jeder sollte eigentlich wissen, dass wir weit davon entfernt sind, Krebs auch nur ansatzweise in den Griff zu bekommen. Die Daten sind aber für jedermann verfügbar, die Ame- rican Cancer Society stellt sie jedes Jahr online.

Es ist aber so, dass jeder glaubt, dass wir Krebs mittlerweile kurieren könnten. Krebs ist doch gar nicht mehr so schlimm, hört man die Leute sagen... das kommt wohl auch von der Werbung, die suggeriert einem, dass Krebs gar nicht so tödlich wäre. Aber wenn man sich ein klein wenig mit der Materie beschäftigt, stellt sich schnell heraus, dass dies alles überhaupt nicht stimmt. In Wahrheit sind die Probleme die gleichen wie vor 40, 50 Jahren.

In meinem Buch habe ich die Leute dazu aufgefordert, doch mal einen Blick in die Traueranzeigen in ihrer Zeitung zu werfen. Dann wird allen schnell klar, was los ist: "Warum sterben diese Leute alle an Krebs? Wenn wir Krebs heilen können, warum sind diese Menschen hier alle daran gestorben?" Krebs ist weit davon entfernt, nicht mehr gefährlich zu sein. Wir haben kein Mittel, diese Krankheit zu bekämpfen, egal was auch an neuen Mitteln auf den Markt geworfen wird, das bringt alles nichts.

Sie haben ja die Statistik gesehen. Über 1600 Menschen sterben täglich an Krebs in den Vereinigten Staaten. Über 1600 - und es werden jedes Jahr mehr.

Wenn wir aber statt den herkömmlichen Methoden unsere Stoffwechseltherapie bei Krebs einsetzen könnten, könnten wir das radikal reduzieren.

Ich würde sagen, wir könnten diese Todesrate innerhalb von 10 Jahren um 50% reduzieren!

Ja, ich weiß, das wäre ein starkes Stück. Aber dazu stehe ich! Stellen sie sich das vor... das heißt aber auch, dass die Hälfte der Leute die momentan an Krebs sterben, nicht sterben müssten. 50 Prozent der Leute die an dieser Krankheit sterben müssen ihr Leben lassen, weil wir das Wesen von Krebs von Grund auf falsch verstanden haben.

Auch hinter den neuesten Medikamenten (wie der CAR T-Zelltherapie und den anderen Immuntherapien) steht nach wie vor die Theorie, dass Krebs eine genetische Krankheit wäre.

Wenn also diese Theorie falsch ist (und wir haben in den Nukleustransferexperimenten nachgewiesen, dass sie falsch ist), dann werden diese Therapien nicht funktionieren. Auch wenn uns das diverse Studien und hochtönende Experten weißmachen wollen. Gut, bei ein paar Leuten funktionieren diese Mittel, okay. Wie genau der Mechanismus dahinter ist, wissen aber die Hersteller selber nicht genau, wie mir scheint. Dass es einigen Patienten hinterher besser geht ist wahrscheinlich lediglich dem Zufall zuzuschreiben.

Abgesehen von diesen Einzelfällen reagieren aber die meisten Patienten nicht so auf diese Medikamente, wie sie angepriesen werden. Deswegen sterben auch viele Leute bei diesen Medikamentenstudien, darüber redet wie gesagt keiner. Nochmal: Diese Mittel bringen die Leute um, das sind die Fakten!

Wenn auch nur die kleinste Möglichkeit besteht, dass diese Behandlung den Patienten umbringt, sollte ein Arzt nie und nimmer diese Behandlung vorschlagen! Auf keinen Fall! Selbst dann nicht, wenn die Gesundheit des Patienten "nur" extrem darunter zu leiden hat. Sowas wird aber immer gemacht, ständig. Wie es den Patienten geht ist den Ärzten dabei anscheinend ziemlich schnuppe.

Foucher:

So ist nun mal der Stand der Dinge: Wenn man in eine Krebsbehandlung einwilligt, wird es einem dabei ziemlich dreckig gehen.

Dr. Seyfried:

Ja schon, aber warum? Warum wird das so gemacht? Das ist doch völlig unnötig! Die Mediziner wiederholen stur nur das eine "Wir müssen die Krebszellen vom Wachstum abhalten. Deswegen müssen wir bestrahlen, operieren und Chemo einsetzen." Wir haben aber bereits gezeigt, dass das Tumorwachstum von zwei Energieträgern befeuert wird: Von Glukose und von Glutamin. Nimmt man dem Krebs diese beiden Stoffe weg, dann gehen die Zellen zugrunde. Das ist doch viel einfacher, würde ich mal sagen!

Foucher:

Können Sie das ein wenig genauer erläutern, den Zusammenhang mit Glutamin und was genau sie damit meinten, die Lücke in Warburgs Theorie zu füllen? Was war für sie beim Entwickeln ihrer Stoffwechseltheorie der Schritt, der sie dazu brachte, Glutamin mit hineinzunehmen?

Dr. Seyfried:

Nun ja, wir haben immer schon gewusst, dass Krebszellen vor allem Glukose verwenden. Es gibt aber einige Tumorarten, die nicht recht viel Glukose aufnehmen und diese Tumore wachsen dennoch wie verrückt. Das war einer der Gründe dafür, warum Warburg's Theorie in der Wissenschaft nie richtig akzeptiert wurde, es lag an diesen Ausnahmefällen.

Wir wissen aber mittlerweile, dass bei diesen Sorten von Tumor ein anderes Molekül fermentiert wird. Statt dass diese Tumorzellen Zucker zu Milchsäure fermentieren, fermentieren sie Glutamin zu Succinylsäure [succinic acid fermentation]. Dies ist eine Aminosäurenfermentation, die man eigentlich aus anderen Bereichen kennt. Wir wissen darum, nur anscheinend hat keiner jemals Krebs mit diesem Stoffwechselpfad verbunden. Viele Mikroorganismen bedienen sich dieser Fermentationsvariante - und eben auch gewisse Krebszellen.

Wie bei allen anderen Krebszellen auch, können sie generell keine normale Zellatmung mehr durchführen. Aus diesem Stoffwechselweg bekommen sie keine Energie mehr. Weil sie keinen Sauerstoff mehr brauchen, können sie auch in Mikroumgebungen leben, in denen es gar keinen Sauerstoff gibt! Auch das hat Warburg damals bewiesen: Ohne Sauerstoff in ihrer Umgebung stirbt jede normale Zelle - die Krebszelle aber lebt fröhlich weiter.

Ohne Sauerstoff kann eigentlich nichts überleben, Krebs hingegen schon. Man hat bei Experimenten sogar Krebszellen Zyanid eingeflöst... Zyanid bringt einen um, kein Zweifel. Aber Krebszellen sind gegen Zyanid immun, das macht denen nichts aus.

Foucher:
Die fühlen sich vielleicht noch wohl damit...

Dr. Seyfried:
Schon unglaublich - Krebszellen sind so hart im Nehmen, die können sogar in Zyanid leben. Das ist das Level von dem wir hier sprechen. Nochmal: Nichts kann ohne Sauerstoff überleben, aber weil die Krebszellen fermentieren, brauchen sie keinen Sauerstoff. Und weil Zyanid den Sauerstoff-Stoffwechsel beschäftigt, nicht die Fermentation, macht dieses Gift dem Krebs nichts aus.

Also, eine Frage an die Skeptiker: Wenn Warburg falsch lag, wie kann Krebs dann in Zyanid überleben?

Foucher:
Wirklich sehr interessant!

Dr. Seyfried:
Aber diese Informationen werden alle geflissentlich ignoriert. Die Leute wollen einfach nicht wahrhaben, dass Warburg recht hatte. Denn damit müssten sie sich selbst eingestehen, dass ihr gesamtes Schaffen für die Katz' war. "Meine ganze Karriere, alles was ich mit den Patienten gemacht, das war alles falsch!" Wer will das schon zugeben? Dass er am Tod vieler Leute schuldig ist? Beziehungsweise an deren katastrophalen gesundheitlichen Zustand.

Aber es ist nun mal so: Wir haben jetzt die Beweise, dass Otto Warburg recht hatte.

Um nochmal auf die Gesundheit der Krebsüberlebenden zu sprechen zu kommen: Die müssen ja hinterher oftmals wegen ganz anderen Dingen behandelt werden. Wegen psychologischen Problemen, Diabetes, wegen Hormondysbalancen, Magen- und Verdauungsschwierigkeiten, und so weiter. So viele Krankheiten entstehen erst durch die Krebsbehandlung, auch darüber spricht kein Mensch.

Dieses Phänomen hat mittlerweile sogar einen eigenen Titel, es nennt sich "Heilkunde von Krebs-Überlebenden". Wie man sich denken kann, wird dann nach dem Krebs weiter mit dem Patienten Schindluder getrieben. "Damit haben wir einen Haufen Leute, die schön innerhalb des Krankensystems bleiben! Also machen wir damit weiter, ihnen Medikamente zu verabreichen." Ein ganz großer Markt sind hier zum Beispiel Mittel gegen Diabetes - und dass die völlig nutzlos sind, haben wir auf dieser Konferenz ja auch zur Genüge mitbekommen.

CrossFit hat Gott sei Dank die Zeichen der Zeit erkannt. Ihr habt kapiert, dass dieses ganze System ein ziemlicher Schlamassel ist. Aber das ist noch zu gütig formuliert: Es ist eine riesige Sauerei!

Foucher:

Das stimmt - und je mehr man darüber erfährt und nachdenkt, desto größer wird diese Sauerei auch noch.

Dr. Seyfried:
So ist es.

Foucher:

Gut, soviel zum Glutamin. Gibt es im Gegensatz dazu noch etwas, dass alle Arten von Krebs gemeinsam haben?

Dr. Seyfried:

Ja, zu einem gewissen Grad zumindest: Meines Wissens nach sind alle Arten von Krebs auf Glukose als Treibstoff angewiesen. Dann natürlich gibt es Krebszellen, die zusätzlich zu Glukose noch Glutamin fermentieren. Es gibt aber tatsächlich Krebszellen, die ausschließlich auf Glukose, auf Zucker laufen. Bei diesen Arten von Krebs ist es dann folglich so, dass sie auf eine Behandlung mit einer ketogenen Diät hervorragend ansprechen. Diese Tumore werden von den niedrigeren Blutzuckerspiegeln regelrecht zerstört, da sie ohne Glukose keine Energie mehr bekommen.

Andererseits funktioniert Keto kaum bei Tumoren, die vorrangig Glutamin als Energieträger verwenden. Bei solchen Fällen müssen wir uns vor allem darum kümmern, diesen Stoffwechselpfad zu unterbinden. Insgesamt haben wir es aber oft mit einer Mischform beider Brennstoffe zu tun, wie beim Gehirntumor. Dennoch ist es so, zumindest meiner Meinung nach, dass keine Tumorzelle es überleben kann, wenn ihr weder Glukose noch Glutamin zur Verfügung steht. Ohne Energiequelle gehen diese Krebszellen unweigerlich zugrunde.

Foucher:
Sind diese beiden Stoffe wirklich die einzigen Energiequellen, die Krebszellen verwenden können?

Dr. Seyfried:
Naja, in geringem Ausmaß können sie auch andere Aminosäuren fermentieren und ein klein wenig normalen Kohlenhydratstoffwechsel betreiben. Aber diese Möglichkeiten sind minimal. Wenn wir die

Krebszelle mit einem Zug vergleichen, braucht es auch eine gehörige Menge an Treibstoff um diesen Zug anzuschieben. Ohne Material geht es nicht. Wenn dieses aber fehlt, dann geht dem Zug schnell die Puste aus... die Zelle kommt in eine Energiekrise und wenn lange genug zu wenig Treibstoff vorhanden ist, dann stirbt die Zelle letztendlich an diesem Energiedefizit. Der Zug kommt zum Stillstand.

Wir haben uns diesem Energiethema ausführlich gewidmet, dieser "zellinternen Energielogistik". Die Krebszelle braucht stets genügend fermentierbare Energieträger, um weiter zu machen, um weiter zu wachsen. Und Glukose und Glutamin sind die einzigen Brennstoffe, die in ausreichender Menge vorhanden sind - alle anderen Energieträger, die die Krebszelle daneben auch noch verwenden kann, werden innerhalb von einem oder zwei Tagen verbraucht.

Foucher:
Aha, von den anderen Stoffen gibt es einfach nicht genug.

Dr. Seyfried:
Genau, aber die anderen Stoffe sind auch ineffizient. Krebszellen können schon auch andere Aminosäuren fermentieren, wie beispielsweise Asparagin. Aber bei diesen Fermentationsvorgängen muss auch ein Haufen Energie aufgewandt werden um den Vorgang abschließen zu können. Es geht somit ein Haufen Energie flöten. Die Bilanz sieht bei allen anderen Aminosäuren ziemlich schlecht aus. Bei Glutamin muss aber keinerlei zusätzliche Energie aufgewandt werden, Glutamin ist ein für den Krebs ein hervorragender Brennstoff. Genau wie Glukose.

Dies beiden Stoffe sind also praktisch reinrassige Energieträger, um aus ihnen Energie zu gewinnen ist fast kein Aufwand nötig. Man erhält aus ihrer Verstoffwechslung eine große Menge an ATP. Bei anderen Aminosäuren ist es häufig so, dass am Schluss genau so viel ATP raus- kommt, wie reingesteckt wurde. Das bringt der Zelle unterm Strich nichts. Und, wie gesagt, ist das Vorkommen diese anderen Stoffe zu gering, während Glutamin die Aminosäure ist, die im Körper in rauen Mengen vorhanden ist. Glutamin kann außerdem vom Körper aus Glukose synthetisiert werden.

Auch aus diesem Grund müssen wir die Glukose runterbringen: Ohne Glukose kann kein Glutamin hergestellt werden. Ohne Glukose, ohne Glutamin kann der Tumor nicht überleben - wenn wir diese beiden Treibstoffe entfernen, werden wir den Tumor los. So einfach ist das!

Foucher:

Gibt es ihres Wissens nach Sorten von Krebs, die bedeutend mehr Glutamin verwenden als andere?

Dr. Seyfried:

Ja, die gibt es tatsächlich. Wir standen auch vor der Problematik, dass wir nicht wussten, was es mit Glutamin auf sich hat. Bei einigen Krebssorten war es so, dass sie auf den PET-Scans nicht sichtbar waren. [bei PET-Scans werden Tumore mittels reflektierenden Glukosemolekülen sichtbar gemacht].

Die waren praktisch unsichtbar - und wir wussten nicht, was bei denen los war. Des Rätsels Lösung war, dass diese Tumore Glutamin als Treibstoff fermentierten. Beispiel hierfür sind sind Krebssorten, die die Immunzellen betreffen. Des Weiteren Leukämie, Rückenmarkkrebs, sowas in der Art.

Foucher:

Bei diesen Varianten wird dann die ketogene Ernährung wohl nicht funktionieren, oder?

Dr. Seyfried:

Sie funktioniert schon! Sie funktioniert aber eher über indirekte Wege, wie die allgemeine Reduktion der Entzündungssituation. Keto bringt einen Haufen sekundärer Signale mit sich, die die Krebszellen schwächen.

Um den Tumor aber tatsächlich vollständig zu zerstören muss man wie gesagt beide Energieträger anvisieren. Der Tumor muss Schachmatt gesetzt werden: Glukose weg, Glutamin weg, dann bleibt ihm kein Ausweg mehr - dann ist es aus mit ihm!

Die Stoffwechselwege müssen im Mittelpunkt der Forschung stehen, das ist der einzig wahre Weg! Aber: Wer macht das schon? Kein Mensch! Wir sind die einzige Forschergruppe, die diesen Ansatz in ihren Mittelpunkt stellt. Wir sind die einzigen, die das ausprobieren, in der Praxis. Bei einem Gehirnkrebspatienten haben wir diese Methode schon angewendet, mit guten Ergebnissen.

Foucher:

Würden sie diese Therapie auch kurz vorstellen? Ihre Stoffwechseltherapie, die "Press-Puls- "Methode?

Dr. Seyfried:

Natürlich. Also wir haben Press-Puls aus einem Konzept der Paläobiologie entwickelt. Wissenschaftler, die die Entwicklung der Lebewesen im Lauf der Jahrmillionen analysieren wussten schon seit langem, dass es immer wieder Phasen gab, in denen Lebewesen plötzlich ausgestorben sind. Großflächiges Aussterben von Organismen, in kurzen Zeiträumen.

Die Biologen haben sich also gefragt was für dieses plötzliche Massensterben verantwortlich wäre. Wie sich bei ihren Überlegungen herausstellte, war es die Kombination von zwei Vorfällen, die sich dann unvorhergesehen gleichzeitig ereigneten. Das könnte man auch als Stress betrachten: Sagen wir, ein Stress, der sich beispielsweise als Klimawandel äußert. Eine solche Art von Stress bringt natürlich die Population einer Spezies sehr unter Druck.

Das bedeutet, dass schon aus diesem (ersten) Stress ein gewisser Anteil der Population ausstirbt, wenn auch nicht alle. Die anderen, die Überlebenden konnten sich evolutionär diesem Stress, diesem umweltbedingten Druck anpassen. Dennoch bleibt die Situation angespannt.

Als dann plötzlich ein zweiter Stress auftauchte, wie zum Beispiel eine Serie von Vulkanausbrüchen oder ein Meteoriteneinschlag, dann führte das in Kombination mit dem bereits bestehenden Umweltstress zum radikalen Sterben fast aller, die vorher noch überlebt hatten. Die ganze Population wurde ausgelöscht.

Sie sehen bestimmt, in welche Richtung das geht, wenn wir diese Konzept auf die Behandlung von Krebs übertragen: Wir haben eine Therapie entwickelt, die den Körper unter einen gewissen Basis-Stress stellt - aber die Krebszellen werden bedeutend mehr gestresst, denn sie können keine Ketonkörper als Energie verwenden, die gesunden Zellen aber schon.

Wenn wir diesen Basiszustand dann erreicht haben, dann setzen wir pulsierend, zeitlich getaktet, weitere Methoden ein, die einen Sekundärstress für die Krebszellen darstellen. Vor allem Medikamente.

Mithilfe der ketogenen Ernährung wird der Körper versorgt und beschützt, der Patient wird in einen gesundheitlich positiven Zustand versetzt. Schon in diesem Stadium können wir einen Haufen Tumorzellen abtöten. Leider aber noch nicht diejenigen, die vor allem Glutamin verwenden.

Dazu setzen wir dann Medikamente ein, um einen zweiten zusätzlichen Druck zu verursachen, der dann Glutamin als zweite Energiequelle zum versiegen bringt. Diese Mittel sind der akute Puls-Stress, der eingesetzt wird, während der Körper fortlaufend noch im Press-Stadium ist (der ketogenen Diät). Die Kombination dieser beiden Therapiemethoden nennen wir *Press-Puls*.

Was sich keiner vorstellen kann, ist, dass viele Patienten nach unserer Behandlung gesünder sind, als sie es vorher waren - statt dass sie hinterher von der Chemo und der Strahlentherapie massiv beeinträchtigt wurden.

Es ist ja so, dass viele Patienten nicht "nur" an Krebs leiden, wenn sie ihre Krebsdiagnose bekommen. Sie leiden an einer Vielzahl anderer Beschwerden, die fast ausnahmslos Stoffwechselprobleme sind. Vitamindefizite wären hier zu nennen, aber natürlich auch Diabetes, all sowas. Diese Dinge bekommen wir aber mit Hilfe von Press-Puls in den Griff, wie auch den Tumor selbst!

Foucher:
Dann kriegen die Patienten also sogar mehr, als sie sich erhofft hatten?

Dr. Seyfried:
Oh, viel mehr. Ihre allgemeine Gesundheit verbessert sich in den Wochen unserer Behandlung dramatisch, man kann es kaum glauben! Bei uns verlieren sie nicht ihre Haare, kriegen Zahnfleischbluten oder müssen sich ständig übergeben. Diese ganzen Nebenwirkungen, der ganze Mist, der kommt bei unserer Stoffwechseltherapie nicht vor!

Durch diesen Ansatz der zwei Stressoren können wir den Tumor nach und nach zerstören, Stück für Stück. Letzen Endes wollen wir den Tumor ja komplett zersetzen.

Leider ist es aber so, dass wir das Glutamin dem Körper nicht vollständig entziehen können. Glutamin ist nämlich für ein Haufen Dinge verantwortlich, die wir für eine gute Gesundheit unbedingt brauchen. Komplett ohne Glutamin würde es den Patienten sehr sehr schnell radikal schlechter gehen!

Das bedeutet im Klartext, dass wir den Patienten bei den Krebssorten, die fast vollständig auf Glutamin laufen, ein exakt getimtes Protokoll durchführen müssen. Zuerst geben wir ihnen ein Mittel, dass den Glutaminstoffwechsel abrupt und vollständig zum Stillstand bringt - aber dann geben wir ihnen sofort wieder Glutamin, hinterher. Manchmal geben wir ihnen sogar das Glutamin bereits, während wir ihnen den Glutaminhemmer verabreichen. Oder sogar vorher! Das ist alles noch in der Testphase, wohlgemerkt. Und wie vorher erwähnt, sind wir die einzigen, die hier forschen!

Foucher:
Sehr interessant! Das sind ja völlig neue Ansätze, richtig?

Dr. Seyfried:
Ja, aber wir kommen nicht drumrum, das Glutamin bei der Puls-Strategie in den Mittelpunkt zu stellen. Nochmal um dies klarzustellen: Unser Immunsystem braucht Glutamin, ansonsten kann es nicht arbeiten. Ohne ein funktionierendes Immunsystem funktioniert keine Krebstherapie!

Die toten Tumorzellen müssen ja aus der Bahn geräumt werden, dafür ist unser Immunsystem verantwortlich. Wenn wir aber das Immunsystem durch den Entzug des Glutamins lahmgelegt haben, dann kann es sich auch nicht um die Überreste kümmern. Deswegen können wir das Glutamin nicht eliminieren.

Falls kein physiologisches System die Krebszellen aus dem Weg schafft, bekommt man das Tumorlyse-Syndrom und noch viele andere Arten von Infektionen. Die toten Tumorzellen setzen schließlich einen Haufen Giftstoffe frei, die wir auf keinen Fall in unserem Körper wollen! Wir müssen also mit dem Glutamin sehr behutsam vorgehen.

Erst setzen wir die Medikamente ein, töten eine gute Menge Krebszellen ab - dann müssen wir aber das Glutamin wieder einschleusen, um das Immunsystem wieder schnell auf Vordermann zu bringen. Die Immunzellen können dann wieder an die Arbeit gehen und die Zellüberreste wegschaffen, das System reinigen. Wenn das erfolgreich war, gehen wir zur nächsten Runde über. Dann gehen wir an den Rest des Tumors, und so weiter!

Auch wenn wir dem Körper sofort wieder ein wenig Glutamin geben müssen, haben wir den Krebs schon um die Hälfte reduziert. Wunderbar! Und da wir alle Zellen des Körpers immer noch unter der "Press", der ketogenen Ernährung halten, kann der Tumor trotz des jetzt wieder verfügbaren Glutamins trotzdem nicht wachsen. Zumindest nicht allzu schnell.

Ein klein wenig Wachstum wird es vielleicht geben in der Zwischenzeit, aber das macht im großen Bild nichts aus. Dann nehmen wir erneut den Glutaminstoffwechsel in die Zange und *Bumm* haben wir wieder 25-30 Prozent des Tumors ausgelöscht. Wenn dann der Tumor wieder um, sagen wir mal, 5% wachsen sollte geben wir ihm erneut einen drauf und ein Großteil der restlichen Tumorzellen muss dran glauben. Irgendwann mal haben wir den gesamten Tumor zerstört, alle Krebszellen sind zunichte. Eine tolle Strategie, würde ich mal sagen. Die funktioniert wunderbar!

Und insgesamt geht es dem Patienten mit jeder neuen Einheit immer besser, sie werden im Lauf der Behandlung immer gesünder. Zum einen, da ihr Tumor schrumpft, zum anderen, weil die Stoffwechseltherapie auch all die anderen Marker zum Positiven wendet.

Foucher:
Wie die Entzündungen, die vielfältigen Stoffwechselerkrankungen, dann eventuell das Übergewicht...

Genau, diese anderen Problemfelder werden gleichzeitig zum Krebs gemanaged. Das ist für den Patienten eine glasklare Win-Win Situation. Für unser medizinisches System aber nicht, die haben davon eher wenig. Zumindest aus finanzieller Sicht, weswegen sich dieses System auch gegen diesen Weg stellt.

Für mich steht aber eindeutig fest: Um Krebspatienten zu kurieren, sollte man ihnen keinesfalls Behandlungen andrehen, die sie vergiften! Sie zu bestrahlen ist genau so unsinnig - mit diesen Methoden wird keiner gesünder!

Innerhalb der Press-Methoden, die zeitlich begrenzt eingesetzt werden, haben wir noch ein weiteres Mittel in petto, das man vielleicht sogar mit der Strahlenbehandlung vergleichen könne: Dem Einsatz von hyperbaren Sauerstoffkammern [hyperbaric oxygen chambers]. Diese Methode tötet die Tumorzellen mittels oxidativem Stress.

Des Weiteren setzen wir auch manchmal Hitzetherapie ein, in Kombination mit den Sauerstoffkammern. Wir wissen das Gewebe, welches aufgeheizt wurde, auf oxidativen Stress noch empfindlicher reagiert. Damit können wir Tumorzellen noch effektiver bekämpfen.

Es gibt heutzutage so viele erprobte Möglichkeiten, um Tumorzellen abzutöten... einem wird fast schon schwindlig dabei. "Oh, können wir diese Methode mal probieren? Geht das mit dieser anderen Methode vielleicht noch besser? Ja, tut es! Super!"

Foucher:
Eine Menge an Kombinationsmöglichkeiten.

Dr. Seyfried:
Haargenau! Wenn die Ärzte nur von diesen Möglichkeiten wüssten, dann würden sie ihre Philosophie von Grund auf ändern, wie sie ihre Krebspatienten behandeln sollten. Sie könnten ihren Patienten freiheraus sagen "Wissen sie, wie einfach wir ihre Krebszellen abtöten können? Mit dieser neuen Methode? Tja, halten sie sich fest!" Die wären von all diesen Möglichkeiten fast schon überwältigt.

Wir sind also momentan in einer extrem spannenden Phase, wirklich aufregend welche Möglichkeiten sich in diesem Bereich aktuell auftun.

Aber: Keiner hat den Antrieb diese Therapie auch anzuwenden, denn jeder meint nach wie vor, dass Krebs eine genetische Krankheit wäre!

Statt unserem Ansatz werden immer noch absurde Methoden und Medikamente entwickelt, die die Leute krank machen, sie sogar umbringen. Die Mehrzahl der Menschen profitiert von diesen Dingen überhaupt nicht.

Foucher:
Die herkömmlichen Methoden sind außerdem sehr teuer.

Dr. Seyfried:
Ja, die sind wahnsinnig teuer... was will man machen. Unsere Strategie wird sich aber dann doch durchsetzen, dessen bin ich mir sicher, die Frage ist nur wann.

Deswegen sehe ich mit einem lachenden und einem weinenden Auge in die Zukunft: Einerseits haben wir hier diese sagenhaften Fortschritte, andererseits haben wie die aktuelle tragische Situation mit all diesen unsinnigen Therapien.

Vielleicht kann CrossFit dabei helfen, diese Botschaft weiter zu verbreiten. Möglich wär's, ich bin da optimistisch.

Möglicherweise wird CrossFit sogar der Hauptvertreter unserer Sichtweise, da sie extrem medienwirksam agieren können. Es wird aber dann so sein, dass ihr erst mal den Sturm überstehen müsst, der sich euch entgegenstellen wird.

Sie haben ja sicher schon mitbekommen, wie stark die Kritik an unserem Ansatz ist, mit welcher Wucht die Skeptiker gegen unsere Arbeit wettern. Aber ich glaube, dass Greg und mit ihm die gesamte CrossFit-Community einen Unterschied machen könnten. Sie könnten gemeinsam die Spitze unserer Message formieren, die Spitze unseres Speers sozusagen. Mit diesem Speer könnten wir es dann vielleicht sogar schaffen, dieses Monstrum zu bändigen, dass sich "Pflegestandard" schimpft.

Foucher:
Ich glaube, dass wir diese Bewegung schon jetzt beobachten können. Diese Konferenz war ja nur die Spitze des Eisbergs, was CrossFit aktuell an Projekten auffährt.

Die Meinung über Krebs wird sich radikal ändern, da bin ich mir sicher. Wir hatten ja erst einen vergleichbaren Paradigmenwechsel mit den Nahrungsfetten!

Gary Taubes (der auch einen Vortrag hielt) war es schließlich, der der "Kalorien rein - Kalorien raus-" Theorie erfolgreich den Kampf angesagt hat. Auch wenn er schon vor 15 Jahren damit angefangen, darüber Artikel und Bücher zu schreiben, ist es mittlerweile anerkannt, dass die Wissenschaft hier falsch lag. Das wird bestimmt auch bei der Krebsforschung der Fall sein.

Dr. Seyfried:
Naja, ich glaube aber nicht, dass die Allgemeinbevölkerung das alles schon verstanden hat.

Foucher:
Zugegeben, es gibt viele Menschen, die das noch nicht erfasst haben. Aber zumindest haben die Experten damit angefangen, ihre Meinung zu ändern was Nahrungsfette angeht. Das können wir auch daran erkennen, das sich mittlerweile die Ernährungsempfehlungen ändern.

Dr. Seyfried:
Ja, das stimmt. Einverstanden.

Foucher:
Dennoch ist diese Wandel sehr langsam. Viel langsamer als wir es gerne hätten.

Dr. Seyfried:
Ja, leider. Auch was die Anwendung von Medikamenten angeht, kommen jetzt Daten an's Licht, die eine neue Perspektive eröffnen. Heute erst haben wir doch über den Schwachsinn der Statine einen Vortrag zu hören bekommen... dass diese Massenverschreibungen total kontraproduktiv sind!
Was sie vielleicht auch noch wissen: Erst vor ein paar Jahren hat ein Wissenschaftler gefordert, dass man jeden über 50 auf Statine setzen sollte... egal, ob der- oder diejenige auch irgendwelche Krankheitssymptome hat. Wie dieser Knaller geheißen hat, weiß ich leider jetzt nicht mehr.

Foucher:
Können sie uns vielleicht ein wenig über ihre eigene Forschung erzählen? Soweit ich weiß, haben sie sich auf Versuche mit Mäusen spezialisiert...

Dr. Seyfried:
Ja, stimmt.

Foucher:
... aber mir ist auch bekannt, dass sie mit Forschergruppen auf der ganzen Welt Kontakte pflegen, die ihrerseits die Press-Puls Strategie einsetzen. Wissenschaftler, die ihre Stoffwechseltherapie bereits in ihren Studien implementieren.

Können sie uns eventuell davon berichten, wo wir in der Forschung aktuell stehen? Es wäre auch interessant zu wissen, welche Herausforderungen ihre Kollegen bei diesen Studien an Menschen zu bewältigen haben.

Dr. Seyfried:
Nun ja, wo die Forschung aktuell stattfindet, das ist vor allem in Ländern wo weniger streng nach dem Pflegestandard verfahren wird. Aber wenn ich sage "weniger", dann meine ich nicht, dass wir diese Verfahren komplett weglassen dürften. Es ist leider wirklich so, dass wir in jedem Land das Absurdium des Pflegestandards beachten müssen. Da kommen wir nicht dran vorbei, egal wohin wir gehen. Soweit es uns erlaubt ist können wir, bzw. die Forscher vor Ort, diese Stan- dards dann modifizieren.

Diese Modifikationen können wir in Ländern außerhalb des "entwickelten Westens" meistens besser durchführen. Bei uns darf man ja keinen Deut davon abwischen, der Pflegestandard ist bei uns quasi in Stein gemeißelt. Unabänderlich. Ändern können wir dieses Prozedere nicht, zumindest bis jetzt.

Aber in anderen Ländern können wir die offiziellen Standards ein wenig biegen, können wir unsere Stoffwechseltherapie einsetzen. Dort, wo wir freier in unserer Forschung sind, sehen wir auch deutlich bessere Ergebnisse. Press-Puls liefert wirklich beeindruckende Ergebnisse, soviel ist sicher.

Foucher:
Wenn sie davon sprechen, ihre Stoffwechseltherapie einzusetzen, meinen sie damit als alleiniges Mittel? Oder lediglich in Verbindung mit anderen Behandlungsmethoden.

Dr. Seyfried:
Ja, das ist der springende Punkt: Wir haben noch niemals unsere Stoffwechseltherapie in offiziellen Studien als einzige Methode einsetzen dürfen. Nirgendwo. Wir wurden immer immer dazu verdonnert, mehr oder weniger strikt nach den Vorgaben des Pflegestandards vorzugehen. Jeder Mediziner wurde in den letzten Jahrzehnten anscheinend gehörig gehirngewaschen und glaubt nach wie vor, dass an diesem Maßnahmenkatalog was dran wäre. Dass er irgendwie doch zu was nütze wäre - davon abgesehen, dass man in vielen Ländern auch in rechtliche Schwierigkeiten kommt wenn man sich weigert.

Ich persönlich meine aber, dass der Pflegestandard kompletter Humbug ist! Der Sinn dieser traditionellen Methoden ist doch, die Tumorzellen abzutöten - aber wenn wir die Tumorzellen mit unserem

Wissen völlig ohne toxische Medikamente zur Strecke bringen können, was soll dann das Ganze? Warum dem Patienten weiterhin Gift einflößen? Schwachsinnig ist das!

Aber das kann das Establishment einfach nicht hinnehmen, nicht akzeptieren. Sie kennen unsere Therapie nicht, wollen sie vielleicht nicht kennen, also lehnen sie sie ab. Was einer nicht versteht, wird abgelehnt, so ist das eben.

Unter uns: Das Ganze ist doch wirklich nicht so schwer zu verstehen, oder? Sogar ganz normale Leute aus der Allgemeinbevölkerung kapieren, um was es hier geht (wie sie beispielsweise am besten in Ketose kommen). Oftmals besser und umfassender, als es bei ausgebildeten Ärzten der Fall ist. Was sagt dieser Umstand wohl über diesen Berufsstand aus? Was läuft hier verkehrt? Es kann sich eigentlich nur um bewusste Ignoranz handeln, die stellen sich mit Absicht als unwissend hin, wider besseres Wissen und Gewissen.

Foucher:

Es ist auch so, dass die Experten Dinge gern mal verkomplizieren. Vielleicht scheinen ihnen deswegen die Studien in diesem Bereich zu kompliziert, vielleicht werden diese Studien deswegen nicht durchgeführt.

Dr. Seyfried:

Naja, so ist das nicht. Die Wissenschaftler, die genau wissen was los ist, machen die Studien trotzdem nicht. Ich kenne ja viele Kollegen die gerne in die Stoffwechselrichtung gehen würden, ihren Forschungsschwerpunkt in diese Richtung gerne verlagern würden. Aber sie können es nicht durchziehen, sie dürfen es nicht. Sie sind in ihrer wissenschaftlichen Freiheit dermaßen eingeschränkt, das kann man keinem erzählen. Ein Nicht-Akademiker weiß von diesen Umständen leider so gut wie nichts.

Auch nichts davon, dass in diesem Gebiet Forschungsnotstand herrscht. Deswegen kommt jeder gern mal mit schlauen Einwänden um die Ecke, "Dass diese Stoffwechseltherapie funktioniert ist überhaupt nicht belegt!"

Nun ja, wenn man sich die wissenschaftlichen Grundlagen ansieht, wird unsere Therapie auf jeden Fall funktionieren. Kein Zweifel. Die Basismechanismen sind klar, wir müssen die Stoffwechselpfade der Krebszellen angreifen. Auch wie wir das Ganze anstellen wollen ist ziemlich eindeutig, auf dem prä-klinischen Level sind wir also auch auf dem richtigen Weg.

Die einzigen Leute, die sich gegen unsere Methode stellen, sind die Verantwortlichen vor Ort, die Mediziner der Onkologie, die direkt mit den Patienten zu tun haben. Die sträuben sich gegen jeden neuen Ansatz, die wollen kein Risiko eingehen: "Wir machen das nicht! Es wurde noch bei keiner klinischen Studie nachgewiesen, dass das was bringt!" Da beißt sich aber die Katze in den Schwanz. Wir dürfen diese Studien ja nicht machen! Es ist unglaublich schwer, unsere Stoffwechselansätze auch nur irgendwie in einer Studie unterzubringen. Wenn wir dann mal eine Forschergruppe dazu überredet haben, dann dürfen wir auch immer nur Patienten behandeln, die bereits in Krebsstadium 4 sind - Patienten, mit Krebs im Endstadium.

Diese Menschen wurden aber bereits von den herkömmlichen Methoden durch die Mangel gedreht, ihr Gesundheitszustand ist aufgrund der Chemo, der Medikamentengabe und der Bestrahlung ganz schön hinüber.

Wenn wir dann die Behandlung übernehmen, müssen wir versuchen, das Immunsystem des Patienten einigermaßen auf Vordermann zu bringen. Wir müssen den Patienten von all den Strapazen die er erleiden musste erst noch rehabilitieren. Achja, wir sollen uns natürlich auch noch, so nebenbei, um den wahnsinnig aggressiven Tumor bzw. die Metastasen kümmern, die der Pflegestandard mitunter erst verursacht hat!

Es kann wirklich keiner erwarten, dass eine Stoffwechseltherapie das alles wieder in's Lot bringt, innerhalb weniger Wochen. Wir schaffen es zwar mitunter, aber das sind nun wirklich keine fairen Bedingungen - und wie soll da eine objektive Studie rauskommen? Wir bekommen die schlimmsten Fälle, werden aber mit dem Normalfall verglichen.

Foucher:
Da wird einiges von ihnen erwartet.

Dr. Seyfried:
Richtig. Zu viel an sich. Aber, wir kriegen es trotzdem noch hin, in einigen Fällen zumindest. Die Patienten überleben.

Aber, das große Bild ist das Folgende: Bei einer ordentlichen Studie brauchen wir immer mindestens zwei Gruppen, zwei Kohorten.

- Im Fall der Krebsforschung wäre Gruppe 1 diejenige, die den Pflegestandard bekommt, die normale Behandlung.
- Dann wäre Gruppe 2 die Kontrollgruppe - die Gruppe, die überhaupt keine Behandlung nach dem Pflegestandard bekommt.

Diese Gruppe darf es aber nicht geben, wir dürfen keine Kontrollgruppe bilden. Es ist nicht erlaubt, das ist Tabu - denn diese Gruppe würde dann lediglich die Stoffwechseltherapie bekommen, ohne irgendein Fitzelchen des Pflegestandards.

Das System untersagt uns, diese Studien zu mache. Das wäre ja "unethisch", könnte man den Patienten nicht antun. Angeblich.

Ich glaube aber, das Establishment hat einfach nur Angst. Sie haben Angst davor, was wäre, falls die Stoffwechseltherapie die beste Behandlung wäre? Nicht nur besser als Pflegestandard, auch besser als die Kombination von Pflegestandard und Stoffwechseltherapie? Was wäre, wenn sich herausstellen würde, dass unsere Stoffwechseltherapie bessere Ergebnisse zeigen würde, als all das, was momentan aufgefahren wird? Besser als Chemo, Strahlungstherapie und auch die Immuntherapie? Was wäre dann?

Foucher:

Hm, naja... auf jeden Fall wäre das für unser aktuelles System ein herber Verlust.

Dr. Seyfried:

Abgesehen vom Finanziellen, ich weiß haargenau was passieren würde: Allen Krebspatienten, ausnahmslos, würde es verdammt schnell sehr viel besser gehen! Sie haben ja mitbekommen, was mit Pablo Kelly passiert ist - und er ist nur einer von vielen, wohlgemerkt. Mehr und mehr Patienten entziehen sich den Methoden des Pflegestandards, denn sie wollen leben. Und, was passiert: Sie überleben tatsächlich!

Zugegeben, irgendeine Art von Behandlung ist immer noch besser als gar nichts. Den Leuten die Sachen des Pflegestandards zu verschreiben wirkt besser, als ihnen Donuts mit Marmelade vorzusetzen. Trotzdem ist unsere Methode um Längen besser als der Pflegestandard oder das Nichtstun mit Donuts. Zweifelsohne, ich habe gesehen wie gut unsere Therapie wirkt, bei Einzelfällen. Die Ergebnisse sind umwerfend, unglaublich!

Es geht jetzt nur noch darum, die Ärzte davon zu überzeugen, dass sie es doch mal probieren.

Erstens: Sie müssen verstehen, was die Mechanismen sind.

**Zweitens: Sie müssen die Erlaubnis dazu haben,
diese Dinge dann auch umzusetzen.**

Aber wenn unsere Ärzte weder verstehen, um was es sich handelt und wenn sie es auch gar nicht tun dürfen, dann wird es auch keiner

tun. Keiner wird die Stoffwechseltherapie an seinen Patienten ausprobieren, weder im normalen Betrieb, noch innerhalb einer wissenschaftlichen Studie.

Foucher:
Okay. Das hört sich danach an, als ob sich die Erfahrungen mit ihrer
Therapie hauptsächlich auf Leute stützt, die den traditionellen Weg
ablehnen. Patienten, die sagen "Ich habe keine Lust auf den Pflegestan-
dard und möchte stattdessen diese Methode probieren". Aber diese
Fälle dürfen dann ihren Angaben nach nicht innerhalb einer normalen
Studie behandelt werden, weil es ihnen untersagt ist, den Pflegestan-
dard komplett zu ignorieren, richtig?

Dr. Seyfried:
Stimmt genau. Aber der Pflegestandard ist keine Methode, die bei
allen Arten von Krebs etwas bringt, eher im Gegenteil! Wenn der Pflegestandard beispielsweise bei Gehirnkrebs eingesetzt wird, dann stellen wir fest, dass jeder einzelne Patient der bestrahlt wird sehr bald sterben muss. Dieses Ergebnis wurde schon zigmal wiederholt, wieder und
wieder. Nach 6 Jahren sind 98% der Krebspatienten tot, wenn sie nach
den Regeln des Pflegestandards behandelt wurden. Diese Zahlen sind
nun einmal Fakt und daran gibt es nichts zu rütteln, jede Studie belegt
diesen Ausgang.

Wenn wir dann einen Patienten bekommen, der sich diesem System
entzieht, dann sehen wir fast immer, dass dieser Patient viel länger lebt
als man erwarten würde. Wie bei Pablo Kelley. Trotzdem nörgeln die
Hochoberen immer noch weiter und schenken diesen Einzelfällen keinen Glauben. Die sagen "Dieses Ergebnis können wir in unsere Meinung nicht einfließen lassen - der war ja schließlich nicht Teil einer offiziellen, klinischen Studie!"

Aber alle Leute mit ein paar funktionierenden Gehirnzellen die das
mitkriegen horchen da sofort auf! Andere Krebskranke werden sich
wundern und fragen "Was geht hier vor sich? Wie kann es sein, dass
dieser Typ so lange weiterlebt? Ich will auch die Behandlung kriegen,
die Pablo bekommen hat! Vielleicht funktioniert das ja auch bei mir!"

Diese "Einzelfälle" - die gar nicht so wenige sind, wie man meint, sum-
mieren sich auf, das spricht sich rum. Mehr und mehr Leute wollen wissen, wie das möglich ist, dass diese anderen Patienten deutlich länger leben. Und das bei einer viel höheren Lebensqualität!

Das Establishment lässt sich aber nicht aus der Ruhe bringen und ignoriert jeden Einzelfall, "auch die sind nicht Teil einer klinischen
Studie. Deren Ergebnisse zählen nicht."

Die Leute werden aber irgendwann mal wütend und lassen sich nicht
mehr blöd anquatschen:

"Ja und? Dann waren die eben nicht innerhalb einer Studie. Diese Patienten leben immer noch, da ist doch mir völlig wurst, ob sie bei einer Studie dabei waren. Was zählt ist das Resultat!" Ist doch klar, dass das denen sonstwo vorbeigeht, ob die Ergebnisse "offiziell" waren. Die Menschen wollen leben! Jeder will leben, gesund leben, nicht nur Krebskranke! Bei Krebspatienten ist es eben so, dass sie ihre Diagnose nicht irgendwie abtun können. "Naja, da kümmere ich irgendwann mal drum..." Nein, das sagt keiner. Der sichere Tod bewegt die Leute zur Aktion, das kann ich ihnen sagen.

Die Krebspatienten werden verstärkt fordern, dass auch sie die Behandlung der anderen Überlebenden bekommen. Die wollen am Leben bleiben, "gebt mir auch diese Stoffwechseltherapie!". Über kurz oder lang wird es so sein, dass die Patienten ihrem Arzt mitteilen, er könne sich den Pflegestandard sparen. "Das mache ich nicht mit - dass es mir mit dieser Behandlung immer schlechter als besser geht, das ist allgemein bekannt. Nicht mit mir!"

Nochmal zu den Studien bezüglich Gehirnkrebs: Wir wissen nicht einmal, wie viele Leute von der Krankheit selbst sterben und wieviele sterben, weil sie nach den Regeln des Pflegestandards behandelt werden. Wieviele sterben an Krebs und wieviele sterben an der Behandlung - das wissen wir nicht! Das war schon immer ein Mysterium und wurde niemals richtig analysiert.

Die Ärzte sagen hinterher stets "Der Patient wurde intensivst behandelt - und dann ist er verstorben." Ja, woher sollen wir wissen, dass der Krebs der Grund dafür war? Es gibt nämlich einen Haufen Fälle unerklärlicher Remissionen bei Patienten, die den Pflegestandard ablehnen, seltsamerweise. Radikale Fälle zum Teil!

Kelly Turner hat hierüber sogar ein Buch geschrieben *Radical Remissions*. Darin spricht sie über viele verschiedene Dinge, die diese spontane Tumorrückbildung verursacht haben könnte. Darunter auch eine radikale Änderung der Ernährungsgewohnheiten. Dieser Faktor war sogar der Häufigste von allen, das Ändern der Ernährung war mutmaßlich am häufigsten daran beteiligt, dass der Krebs in Remission ging. Aha sag ich da nur! Sollte uns das nicht irgendwas sagen? Die Ernährung? Soviel zum Thema "genetische Krankheit", mal wieder.

Foucher:
Sehr interessant. Dass auch andere Leute diesen Zusammenhang erkennen.

Dr. Seyfried:

Ja. Aber wenn man in diesem System ein Arzt ist, dann darf man solche Zusammenhänge nicht anerkennen. Der Zusammenhang Ernährung-Heilung von Krebs wurde schließlich noch nicht offiziell untersucht und bestätigt. Aber die von oben geforderten Studien, randomisiert und Doppel-Blind, können überhaupt nicht gemacht werden. Diese Art von Studien werden aber verlangt, um den Pflegestandard anzupassen. Ein Teufelskreis ist das - und für mich sieht das schon sehr danach aus, dass diese System absichtlich in dieser Manier geschaffen wurde, um den Status Quo beizubehalten.

Momenten ist es so: Man kann höchstens Studien im Bereich Krebs durchführen, die ein neues Medikament mit einem bereits bestehenden vergleichen. Die aktuell eingesetzten Mittel können maximal mit einem neueren, "besseren" ersetzt werden. Dieses Verfahren wird aber das System niemals vollständig ändern können. Ein Paradigmenwechsel wird somit von Haus aus unmöglich gemacht, die Krebsforschung wird sich weiter und weiter im Kreis drehen wenn wir so weitermachen.

Wie sollen wir jemals wissenschaftlich herausfinden, ob unsere Therapie wirklich besser ist, wenn wir die dafür nötigen Studien nicht durchführen können!

In einem konkreten Fall haben wir aktuell einen Patienten, der am Anfang unserer Behandlung erst einmal 3 Tage nur mit Wasser gefastet hat. Wenn er dann mal isst, isst er fast nur Fett um in Ketose zu bleiben. Außerdem bekommt er regelmäßig Einheiten in der hyperbaren Sauerstoffkammer... all die Dinge, die ich vorher bei den Press-Puls Maßnahmen erwähnte.

Wir können aber eine solche Studie nicht durchführen, die rein auf unseren Stoffwechselmaßnahmen beruht, wir müssen stets den Pflegestandard miteinbeziehen. Deswegen müssen Interessierte sich leider auf die Einzelfallstudien verlassen und sich mutig auf ihren eigenen Weg machen. Nach dem Motto "Ich probier' das jetzt einfach mal aus!"

Foucher:

Auf geht's! Let's do it!

Dr. Seyfried:

Ja, machen wir's einfach mal! Das sollte auch die Elite an den Unikliniken anerkennen. Die sollten auch einfach mal sagen "Egal, wir machen jetzt einfach mal so eine Studie, fertig." Dann könnten wir auch endlich mal die Kontrollgruppen mitlaufen lassen, die eine solche Studie erst wertvoll machen.

Wir können natürlich keine Kohorte studieren, bei denen gar nichts unternommen wird, das ist schon klar. Aber insgesamt würde eine solche Studie dann folgende Gruppen haben:

- Eine Gruppe, die mit dem aktuellen Pflegestandard behandelt wird
- Eine Gruppe, bei denen eine Kombination des Pflegestandards und der Stoffwechseltherapie angewandt wird, und
- Eine Gruppe, die nur die Stoffwechseltherapie bekommt. Press-Puls, sonst nichts.

Mit einer solchen Studie könnten wir ein für allemal dieses Thema beenden, danach wüssten wir, welche Methode die beste für die Krebspatienten ist. Die Zahlen sprechen schließlich für sich - wieviele überleben und wie lange.

Tja, ob es eine derartige Studie aber jemals geben wird, das steht in den Sternen. Denn, letzten Endes: Wer soll diese Studie bezahlen?

Foucher:
Stimmt, wer wird eine solche Studie finanzieren. Die Pharmaindustrie sicher nicht, soviel steht fest.

Es ist auch so, dass die Patienten eine Heidenangst haben und im Notfall lieber zum Pflegestandard tendieren. Jeder Strohhalm der Hoffnung wird da dankend angenommen - es würden sich vielleicht auch nicht genügend Leute finden, die sich für die Stoffwechseltherapie einschreiben lassen würden...

Dr. Seyfried:
Ja gut, okay. Aber die Daten sind frei verfügbar, und zumindest im Bereich Gehirnkrebs steht fest: Alle müssen dran glauben! Der Pflegestandard bringt diesen Menschen gar nichts!

Foucher:
Stimmt auch wieder.

Dr. Seyfried:
Naja, aber wer informiert sich vorher schon in diese Richtung, wer hat dafür die mentalen Kapazitäten, vor lauter Stress. Vor allem, wenn die Patienten von überall zu hören bekommen "Hey, wird haben hier dieses neue Medikament. Das ist die neueste Entdeckung, könnte funktionieren!"

Dass die vorherigen 100 Medikamente nichts gebracht haben, das wird den Patienten aber schön verschwiegen. Insgesamt ist es so, dass bei diesem riesigen Gen-Sequenz-Projekt so ziemlich gar nichts her- ausgekommen ist, was bei Krebs funktioniert. Wenn man das alles in Betracht zieht, erkennt man sehr schnell, dass die Wahrscheinlichkeit eines Fehlschlags erdrückend ist.

Die neuen Medikamente bringen den Patienten nichts, das hat sich nicht geändert und wird sich auch nicht ändern. Weil der Ansatz der grundfalsche ist.

Im Gegensatz dazu sehen wir aber tagtäglich, dass unsere Methodik der Stoffwechseltherapie bei vielen Leuten toll anschlägt. Warum sollte man sich also diesen Erkenntnissen verweigern? Vorausgesetzt natürlich, man weiß von ihnen.

Wir haben eine Forschergruppe in der Türkei, die ausschließlich Patienten mit Krebs im Endstadium behandelt, Stadium 4. Deren Patienten können sich bedeutend länger ihres Lebens erfreuen, viel länger. Und das wie gesagt bei einer Lebensqualität, die man mit Chemo und dem ganzen anderen Zeug gar nicht vergleichen kann. Einige Leute haben sie sogar komplett geheilt!

Dies sind aber alles sehr aktuelle Entwicklungen, da wir erst kürzlich damit angefangen haben, unsere Ansätze in anderen Ländern umzusetzen. Hier geht das ja überhaupt nicht, keinen Deut.

Wir dürfen außerdem gar nicht von einer "Heilung" sprechen, das ist Tabu wie sie sicher wissen. Das ist die wissenschaftliche Definition. Wir müssen also 10, 12 Jahre warten, bis wir eine Heilung offiziell bestätigen dürfen.

Aber andere Leute kriegen das natürlich mit, die sehen, dass diese Leute keine Nebenwirkungen erleiden müssen, dass es ihnen gut geht
- und dass sie überleben! Immer mehr interessieren sich für dieses Thema und suchen online nach Informationen.

Die Überlebenden selbst geben auch gerne Auskunft wie sie das geschafft haben: "Hey, wann ihr dieses Protokoll befolgt, dann werdet ihr euren Krebs besiegen!"

Wie gesagt, es wird im Laufe der Zeit so laufen, dass der Patient seinem Arzt mitteilt, dass er eine andere Behandlung vorzieht:

"Vielen Dank, aber ich hätte lieber diese Stoffwechseltherapie."
"Sowas machen wir hier nicht."

"Was soll der Mist! Dann gehe ich eben woanders hin, zu einem anderen Arzt! Ich gehe dorthin, wo ich dabei unterstützt werde. Und wenn ich mir meine Infos bei CrossFit holen muss, dann eben so! CrossFit unterstützt Leute wie mich, die an echter Heilung interessiert sind!"

Foucher:
Genau. Sie haben ja auch erwähnt, dass sie öfters Emails von Leuten bekommen, bei denen Krebs diagnostiziert wurde... diesen Podcast hören bestimmt auch einige Menschen an, die seit kurzem Krebs haben. Die fragen sich sicherlich auch, was der nächste Schritt wäre, wie sie als nächstes vorgehen sollten.

Dr. Seyfried:

Es ist so, dass ich diesen Leuten ein Informationskit zukommen lasse, bei dem unter anderem der Glukose-Keton-Index behandelt wird. Es kann jeder ohne fremde Hilfe sofort mit seiner Behandlung anfangen!

Wie vorher Dr. Jason Fung sagte: "Jeder hat die Kraft, die Power, das durchzuziehen. Man muss nur wollen! Es liegt an dir selbst!" Der erste Schritt ist auf jeden Fall erstmal in Ketose zu kommen. Das ist bei jedem Krebspatienten Priorität Nummer Eins. Wenn man mal in Ketose ist, ist man schon auf einem guten Weg.

Wenn man das mal hinter sich hat, kann man sich über den nächsten Schritt Gedanken machen. Aber für die meisten Methoden, die wir empfehlen, brauchen die Patienten dennoch einen Arzt, der ihnen un- ter die Arme greift. Man kann sich nicht einfach ohne Unterweisung in die nächste Sauerstoffkammer hocken. Obwohl, das stimmt nicht so ganz. Es gibt ein paar, die sich in ihr Haus eine solche Kammer haben einbauen lassen. Die zahlen das dann monatlich, als Leasinggerät.

Foucher:

Ach, tatsächlich?

Dr. Seyfried:

Ja, wirklich! Die gehen da rein, schnallen sich fest und betätigen dann von innen den Druckregler. Oder ein Familienmitglied kümmert sich darum.

Foucher:

Wow!

Dr. Seyfried:

Es ist aber schon zu empfehlen, dass man sich dabei in einem professionellen Setting befindet, bei der Sauerstoffbehandlung. Ein Grundproblem ist aber, dass diese Methode bei Krebs allgemein überhaupt nicht eingesetzt wird - zumindest wenn man den Krebs bekämpfen will.

Damit meine ich dieses bizarre Vorgehen: Wenn ein Patient wegen seinem Krebs bestrahlt wird und deswegen der Magen und der Körper allgemein in Mitleidenschaft gezogen wird - dann zahlt die Krankenkasse für eine hinterher stattfindende Behandlung in diesen Sauerstoffkammern. Posthoc. Denn diese Methode hilft nachweislich dabei, die Schäden der Strahlentherapie zu heilen, den Körper bei der Heilung zu unterstützen.

Aber kein Mensch kommt dafür auf wenn die Patienten diese Methode benutzen wollen, um den Tumor zu töten! Das muss man sich mal vorstellen! Die Krankenkasse erkennt in diesem Fall die Sauerstofftherapie nicht an.

Foucher:
Hm. Diese Methode wurde wohl noch nicht genehmigt...

Dr. Seyfried:
Was soll hier bitte groß genehmigt werden müssen? Den Grund würde ich gerne mal wissen! Die Therapie ist doch dieselbe, warum braucht man dann plötzlich eine Genehmigung? Es geht nur um den Zeitpunkt. Dass es sicher ist, weiß jeder!

Foucher:
Stimmt, richtig. Naja, der Punkt ist wohl der, dass die Leute vielleicht keine Bestrahlung mehr brauchen, wenn sie vorher schon in der Sauerstoffkammer waren... welch' Ironie!

Dr. Seyfried:
Ich weiß, ich weiß. Eigentlich müsse es so sein, dass die Ärzte sich gegen den Pflegestandard wehren. Dass sie sich zusammenschließen und diesem unsäglichen Zwang ein Ende bereiten. Die aktuelle Situation ist doch absurd, das wissen auch viele Ärzte.

Ich sage aber nicht, dass die Pflegestandard bei allen Krankheiten sinnlos wären. Bei vielen Krankheitsbildern ist der Pflegestandard ungemein sinnvoll, keine Frage.

Aber was Krebs und Diabetes Typ 2 angeht, solche Dinge... unsere Zivilisationskrankheiten... da wird in einer Art und Weise behandelt, die den Patienten nicht gut tut! Man könnte es eher als "dauerhaft angelegte Krankheitsaufrechterhaltung" [disease management] bezeichnen, die Leute werden mit Absicht krank gehalten. So kommt es mir zumindest vor. Von Gesundheit, von Heilung ist hier nur schwerlich etwas zu sehen, was die Behandlungsmethoden angeht.

In diesen Bereichen haben neuartige Stoffwechseltherapien wie die unsere die Nase vorne. Mit unserer Behandlung können wir diese Krankheiten massiv eindämmen.

Ob diese Therapien aber jemals von oben abgesegnet werden, ist sehr fraglich. Unser Kampf richtet sich schließlich gegen mächtige Interessengruppen. Wie ich in meinem Vortrag sagte, wir haben einen Gorilla mit 400 Kilo als Widersacher - der steht für Big Pharma.

An dem kommen wir nicht vorbei. Daneben richten sich unsere Anstrengungen leider auch gegen die Bundesregierung, die mit dem Gorilla unter einer Decke steckt!

Das sind beides Widersacher, denen man nur schwer beikommen kann. Die bedienen sich auch zwielichtiger Methoden, die bei den Leuten Zweifel und Angst säen... sogenannte "Vermittler des Zweifels" werden von ihnen medial gepusht. Darüber gibt es ein Buch, *Merchants of Doubt*. Damit sind die Leute gemeint, die behaupten, den Klimawandel gäbe es gar nicht. Oder solche, die vorgaben, dass Tabak gar keine Gesundheitsschäden verursacht. Sowas in der Art.

Irgendeine Studie finden die immer (oder fabrizieren selber eine) in denen dargelegt wird, dass diese oder jene Leute vom Rauchen gar nicht geschädigt wurden. Solche Aussagen bewirken, dass die Laute Zweifel bekommen, ob sie denn wirklich richtig liegen. "Naja, hier haben wir auch Gegenbeweise. Vielleicht haben diejenigen, die sagen, dass Rauchen schädlich ist doch nicht völlig recht."

Solche Leute werden auch jetzt in unserem Fall akquiriert, zumeist aus den höchsten Reihen der wissenschaftlichen Elite. Harvard, Stanford, diese Leute. Die verkünden dann lautstark, dass hier und da einige auf diese Stoffwechseltherapie gar nicht ansprechen. Dabei picken die sich natürlich die Einzelfälle heraus die ihnen gerade in den Kram passen, während sie die anderen zigtausend Fälle verschweigen, in welchen die Stoffwechseltherapie tolle Ergebnisse hervorbringt!

Mit derartigen Aussagen wird natürlich die öffentliche Wahrnehmung maßgeblich beeinflusst. "Naja, vielleicht bringt diese Therapie bei den meisten Leuten gar nichts." Diese Zweifel unterhöhlen natürlich auf Dauer unsere Message.

Es gibt einfach Organisationen, die eine Menge zu verlieren haben, wenn sich das aktuelle System ändert.

Das sind die Aussagen des Establishments. Doch unten im Volk, da brodelt es. Die Leute wollen leben, die Leute wollen behandelt werden ohne dabei bis auf's Äußerste vergiftet zu werden. Keiner ist scharf auf den Pflegestandard, wenn es einmal wirklich soweit ist.

Ich bekomme ja mit, was in den Kliniken los ist! Oftmals stellt sich die Frage, ob die Patienten mehr Angst vor dem Krebs haben oder ob sie mehr Angst vor der Behandlung haben. Mit diesen toxischen Mitteln ist nicht zu spaßen, auch mit den Operationen nicht. "Die amputieren mir meine Brüste! Mir werden alle Haare ausfallen... wie wird mein Gesicht danach aussehen!"

Das hört sich vielleicht ein wenig oberflächlich an, aber den meisten Leuten ist schon ziemlich wichtig, wie sie aussehen. Ob sie hinterher noch attraktiv sind.

Foucher:

Das kann man auch nachvollziehen. Und nicht nur das, auch die psychische Seite muss berücksichtigt werden. Wie fühlen sie sich emotional? Wie halten diese Menschen es aus, wenn sie sich ständig schwach und ausgelaugt fühlen? Wenn ihnen ständig schlecht ist?

Dr. Seyfried:

Genau, die sind mehr oder weniger durchgehend krank und schwach. Dann ist ihnen immer schlecht, müssen sich übergeben. Dazu kommt noch die chronische Erschöpfung und das Schwindelgefühl. Die Haare fallen einem aus. Bei Brustkrebs werden den Frauen die Brüste operativ entfernt, bei anderen wird der Darm rausoperiert... ich meine, das ist doch Wahnsinn! Was soll denn das Ganze?

"Den Rest meines Lebens muss ich Imodium nehmen." Manche Patienten sind zeitlebens auf einen Kolostomiebeutel angewiesen, andern wird der Arm abgenommen... das sind Maßnahmen, die das zukünftige Leben entscheidend beeinflussen! Vielleicht sogar ruinieren!

Foucher:

Keine guten Aussichten.

Dr. Seyfried:

Nein! Sowas macht die Patienten fertig, das sind niederschmetternde Konsequenzen - Konsequenzen unserer herkömmlichen Methoden. Viele dieser Dinge habe ich in meinem Buch beschrieben, gleich im ersten Kapitel. Ich habe darüber geschrieben, was es denn wirklich heißt, Krebs zu haben und was die Therapien dann für verheerende Auswirkungen haben. Inklusive einigen Abbildungen.

Seien wir uns doch mal ehrlich: Im seriösen Alltag der Wissenschaftler, da spricht man gerne von "genetischer Ursache", da schaut man gerne ein paar Mutationen unter'm Mikroskop an... da flippt keiner aus, wenn man Graphen, Pünktchen und ein paar Zahlen studiert.

Aber hey, diese Leute sollten sich mal ansehen wie eine Frau aussieht, nach ihrer Brust-OP! Ohne Haare, ausgemergelt und kaputt! Da wird einem erst mal richtig bewusst, was das eigentlich heißt, Krebs zu haben. Was wissen die schon davon, was diese Krankheit für Folgen für den Patienten hat, verdammt noch mal!

Foucher:

Und auch, was der Krebs mit der eigenen Familie anstellt, wie er sich dann außerdem auf die finanzielle Situation auswirken kann, und so weiter...

Dr. Seyfried:
Ja, das alles kommt auch noch hinzu. Wirklich schlimm. Diese neuen Immuntherapien sind schließlich nicht gerade zum Schnäppchenpreis zu haben, soviel steht fest.

Ich möchte auf diese Immuntherapie kurz noch eingehen, da diese sich ja gerne als "Neuheit" rühmen: So wie ich die Studien mit diesen Medikamenten interpretiere, wirken sie bei den Leuten am besten, die von der Einnahme das höchste Fieber kriegen. Dieses Phänomen wurde in mehreren Studien beschrieben, die Studienleiter geben diesem Umstand aber anscheinend keine rechte Beachtung.

Ich weiß aber, warum das so ist, da ich ein tiefgreifendes Wissen der Fachliteratur habe: Fieber hat bei Krebs eine heilende Wirkung! Hört sich weit hergeholt an, ich weiß. Für eine genauere Erklärung muss ich kurz ein wenig ausholen.

Ein Wissenschaftler namens William Coley hat schon vor über 100 Jahren Experimente mit Bakterien durchgeführt. Genauer gesagt, hat er gewisse Bakterienstämme seinen Krebspatienten verabreicht, Staphylococcus und Streptococcus. Diese Bakterien führen dazu, dass der Körper eine extreme Reaktion aufbietet, er erhöht die Körpertemperatur wie verrückt. Vergleichbar mit einer Sepsis.

Das Fieber, das die Gabe dieser Bakterien auslöst, ging bis zu 40 Grad, manchmal auch höher. Ein so hohes Fieber, dass die Patienten kurz vor dem Sterben waren.

Es war aber dann so, dass diejenigen, die das Fieber überlebten, die waren vom Krebs geheilt. Das Fieber hatte den Tumor vollständig zerstört! Mit dieser Methode hat er es geschafft, einen Haufen Leute mit fortgeschrittenem Krebs zu heilen - eben dadurch, dass er mittels einer absichtlich herbeigeführten Bakterieninfektion die Körpertemperatur erhöht hat.

In anderen Experimenten hat er das mit Bakterien gemacht, die nicht mehr lebten. Und auch bei diesen Experimenten hat es funktioniert, der Körper der Patienten reagierte auf dieselbe Weise, mit extrem hohem Fieber.

Aber diese Behandlungsmethode wurde ziemlich schnell ad acta gelegt, weil ca. 5% der Leute an dieser extrem hohen Körpertemperatur starben. Deren Fieber ging unkontrollierbar nach oben.

Um wieder auf die Immuntherapien zurückzukommen: So wie ich das sehe, wirken die, weil sie ein Fieber auslösen. Beziehungsweise, sie wirken, wenn sie ein Fieber auslösen. Und die Immuntherapie wirkt bedeutend schlechter, wenn die Körpertemperatur unten bleibt. Dafür werden aber 350,000 Dollar verlangt... man kann es kaum glauben!

So wie ich das sehe, ist diese Behandlung eine verkappte Impfung nach Coley - die man für einen winzigen Bruchteil des Preises haben könnte bei wahrscheinlich gleichem Ergebnis!

Foucher:
Sehr interessant! Wow!

Dr. Seyfried:
Haha, unglaublich oder? Und diese Spezialimpfung mit seinen Bakterien, die Coley damals gemacht hat, für die hat er keinen einzigen Cent verlangt!

Foucher:
Gratis Bakterien für alle.

Dr. Seyfried:
Genau.

Foucher:
Wie steht es denn aktuell mit dem Einsatz ihrer Methodik, Dr. Seyfried? Können sie uns vielleicht einen Überblick verschaffen, wo dieses Feld der Krebsforschung aktuell steht? Gibt es außer ihnen noch andere Forscher, die an der Implementierung einer Stoffwechseltherapie arbeiten?

Sie können natürlich auch Forschergruppen nennen, die außerhalb der USA tätig sind, da ja hier anscheinend die Regeln des Pflegestandards nicht aufgeweicht werden dürfen... welche Richtung wird dieser Ansatz nehmen, ihrer Meinung nach?

Dr. Seyfried:
Nun ja, es gibt schon ein paar Kollegen meines Faches, die interessiert sind diese Techniken anzuwenden. Aber der wichtigste Wegpunkt den wir meiner Meinung nach erreichen müssen, ist die Kommunikation des Grundproblems:

Wir müssen die Leute davon überzeugen, dass Krebs eine Stoffwechselkrankheit ist!

Wenn die Verantwortlichen das erst mal alle verstanden haben, können wir ganz anders vorgehen, damit würde sich unsere Arbeit sofort drastisch ändern und natürlich verbessern.

Wenn sich erst mal rumgesprochen hat, dass Krebs mit dem Stoffwechsel zu tun hat, wird man hoffentlich damit aufhören, die Patienten zu bestrahlen. Warum wird das denn gemacht? Die Ärzte meinen "wir müssen das tun, um das Wachstum des Tumors zu stoppen!" Es geht aber mit unserer Perspektive ganz anders, viel einfacher: Wir können das Wachstum dadurch stoppen, indem wir den Zellen den Treibstoff wegnehmen. Eine simple Maßnahme - dann müssen wir auch keinen mehr bestrahlen!

Wir müssen endlich Krebs neu bezeichnen, eine Neuformulierung ist unbedingt notwendig. Ein neues Label sozusagen: Was ist Krebs wirklich, wodurch zeichnet diese Krankheit sich aus? Was sind die wahren Ursachen?

Wenn wir Krebs als das wahrnehmen, was es wirklich ist, können wir endlich daran gehen, diese Krankheit zu kurieren. Mir ist schon klar, dass wir für diese Neudefinition auch einschlägige Beweise liefern müssen, in diesem Bereich arbeite ich schon seit längerem.

Für viele Leute ist diese Neudefinition von Krebs aber leider eine außerordentlich schwierige Angelegenheit - den durch das Anerkennen der wahren Natur dieser Krankheit müssten sie sich eingestehen, dass die Forschung der letzten Jahrzehnte in die völlig falsche Richtung ging. Die Gen-Mutations-Theorie war ein Irrweg, wir haben eine falsche Fährte verfolgt. Die Mutationen, die wir in der Nukleus-DNS beobachten, haben mit der wahren Genese von Krebs eher wenig zu tun. Diese bittere Pille werden nicht alle schlucken, schlucken wollen.

Hier haben wir wieder eine psychologische Barriere, die zu Gunsten der Wissenschat und vor allem zu Gunsten der Patienten überwunden werden muss. Wir müssten uns alle nämlich eingestehen, dass die Hunderte von Millionen Dollars, welches das Krebs-Sequenzierung-Projekt verschlungen hat, alle vergebens aufgewendet wurden. Das Ganze Geld hätten sie genauso gut die Toilette runterspülen können. Aber wer will das schon zugeben? Kein Mensch!

Diese Summe ist nicht an den Haaren herbeigezogen, ich weiß noch genau, wann diese törichte Sache beschlossen wurde:

Es war während der Amtszeit von Barrack Obama. Damals beschlossen sie, das sogenannte "Moonshot-" Projekt in's Leben zu rufen, um dem Krebs endgültig den Garaus zu machen. Die Bundesregierung steckte sage und schreibe 100 Millionen Dollar in die Krebsforschung, Joe Biden war damals der Verantwortliche. Und was kam raus? Aus dem dem Gen-Sequenzierungs-Projekt? Unsere supertollen Immuntherapien! Die nichts bringen und so wahnsinnig überteuert sind, dass es jeglicher Beschreibung spottet!

Ich habe damals schon gesagt: "Ihr könnt das Geld genauso gut in eine Rakete stecken und die Richtung Mond abfeuern! Das bringt genauso viel wie die Forschung, die damit finanziert werden soll... hier, auf der Erde, wird der 'Moonshot' auf jeden Fall keinem Kranken helfen!"

Es ist komplett sinnlos, Geld für Forschung auszugeben, die die Krankheit unter falschen Prämissen erforscht. Die Krankheit, die sie erforscht haben, existiert gar nicht. Krebs ist keine Krankheit, die von Genmutationen ausgelöst wird! Jeder Dollar in diese Forschung i st verloren, seien es 100 Dollar oder 100 Millionen.

Der Fortschritt ist zu vernachlässigen, den wir in den letzten Jahren gemacht haben. Minimal. Weil die Mediziner immer noch meinen, Krebs wäre eine genetische Krankheit, haben wir 1600 Leute, die täglich sterben. Und diese Zahlen gehen rauf, nicht runter. Warum? Weil die Akademiker und die Ärzte die Krankheit so behandeln, als hätte sie genetische Ursachen - das ist sie aber nicht!

Es muss ein Paradigmenwechsel stattfinden, der diese Faktoren in den Vordergrund stellt:

1. **Krebs ist keine genetische Krankheit**
2. **Krebs ist eine Krankheit des Mitochondrienstoffwechsels**
3. **Die bisherigen Behandlungsmethoden müssen durch völlig neue ersetzt werden. Durch Methoden, die den Stoffwechsel der Krebszelle in's Auge fassen**

Noch ein weiteres Problem, was ich bisher noch nicht angesprochen habe: Es hat in den letzten Jahren und Jahrzehnten eine Fragmentierung innerhalb der Krebsforschung stattgefunden. Wir haben jetzt verschiedene Untergruppen von Krebs und somit auch von Krebsforschern.

Die Leute, die sich auf Brustkrebs spezialisiert haben sind andere wie diejenigen, die sich um Lungenkrebs kümmern. Das sind quasi verschiedene Stämme... Gehirnkrebs, Darmkrebs, und so weiter. Diese Stämme kommunizieren miteinander aber kaum, da sie meinen, ihre Genmutationen wären grundverschieden von den anderen Arten von Krebs. Aber das ist alles völliger Humbug! Alle Krebsarten sind die gleichen, haben den gleichen Ursprung!

Es wäre also endlich mal an der Zeit, dass diese Forschergrüppchen sich miteinander verbinden, sich als ein geschlossenes Team formieren. Dann sollten sie in Washington aufmarschieren und der Regierung mal gehörig die Meinung geigen! Wie bei diesen anderen Protestmärschen, die es immer wieder gibt. Ja, wir sollten einen "Krebsprotestzug" organisieren.

Das könnte ziemlich schnell stattfinden... es kommt wohl auch darauf an, wieviel Druck die Patienten von unten ausüben. Wieviel Druck von denjenigen kommt, die sich dieses Getue mit dem Pflegestandard nicht mehr gefallen lassen.

Irgendwann wird der Druck von der Basis nicht mehr zu bändigen sein. Wenn bekannt wird, wie sehr die Politiker mit der Pharmaindustrie unter einer Decke stecken... dann, ja dann wird es vielleicht ganz schnell gehen. Wenn genügend Bürger sich engagieren und ihren Kongressabgeordneten unter Druck setzen. Der wird dann wahrscheinlich zu seinen Pharmareferenten sagen müssen "Ich muss jetzt schleunigst die Gesetze ändern was den Pflegestandard angeht, Freunde! Die brennen mir sonst mein Haus nieder!"

Foucher:
Genau, so muss es kommen! Es ist ja auch so, dass fast jeder einen kennt, der von Krebs betroffen ist. Direkt oder indirekt.

Dr. Seyfried:
Stimmt. Aber nicht nur die Bekannten und Verwandten werden sich einmischen: Auch die Überlebenden werden einen Haufen Wut entwickeln, was ihnen das System vorher für Methoden angedreht hat. Dann vielleicht noch die Patienten, die gerade an Krebs leiden - und die die schrecklichen Nebenwirkungen durchmachen müssen. Ich spüre schon jetzt bei vielen Betroffenen eine riesige Empörung hochkommen, eine Wut, die sich ihre Bahn brechen wird.

Mit diesem neuen Wissen wird sich jeder fragen, was gewesen wäre. Jeder wird sich fragen, ob der Tod eines Freundes oder eines Verwandten wirklich notwendig war. Mussten sie wirklich sterben? Mussten sie wirklich so unglaublich leiden? Wenn man dann zu dem Schluss kommt, dass all diese Leiden wohl unnötig waren, dass dieser schreckliche Tod nicht hätte sein müssen...

Die Leute werden sich fragen "Was zur Hölle ist da geschehen! Was wäre, wenn wir damals schon diese Therapie eingesetzt hätten?" Es wird einen großen Aufschrei geben - und dieser Aufschrei der Betroffenen wird die gesamte Bevölkerung anstacheln, endlich etwas zu unternehmen.

Naja, es kann aber auch anders kommen. Es kann ebenso bei dem System bleiben, dass wir jetzt haben. Damit wären diejenigen die um diese Therapiemöglichkeiten wissen aber mitschuldig an dem Leid, das stattfindet und zukünftig auch stattfinden wird.

Wenn die Allgemeinbevölkerung weiterhin sagt "Hm, egal. Das passt schon so," - wie ein Haufen Schafe, dann wird sich gar nichts ändern. Dass sich das System von oben ändert, mit Big Pharma an den Stellschrauben und den Experten auf dem Lohnzettel von Big Pharma... daran glaube ich nicht.

Solange die Patienten weiter der Meinung sind "Tja, das müssen wir eben hinnehmen. Die giftigen Mittel, die schädliche Strahlung, da muss man eben durch," wird alles beim alten bleiben.

Was da behandelt wird, ist aber nicht die Krankheit, für die wir sie halten. Die Methoden müssen sich ändern, grundlegend. Diese Krebsepidemie die wir weltweit beobachten wird durch dieses Missverständnis der falschen Hintergründe noch weiter verschärft, statt eingedämmt. Siehe China.

Leider Gottes hat aber unser medizinisches Vorgehen gegen Krebs über die Jahre eine massive Infrastruktur geschaffen. Eine Infrastruktur, die gnadenlos daran interessiert ist, ihren finanziellen Status Quo zu wahren. Die Konzerne, die Experten und die Politiker... Auch die motivierten Akademiker, denen ohne die Gelder von Big Pharma die Studienfinanzierung wegfallen würde. Diese allumfassende Infrastruktur hat kein Interesse daran, die Patienten schnell und kostengünstig zu behandeln, sie zu kurieren.

Was bekommt der Verbraucher denn letzten Endes vorgesetzt, wie es um die aktuelle Krebsforschung steht? Werbung im Fernsehen. Und Falschinformationen darüber, was die beworbenen Medikamente tatsächlich bringen.

Wir stecken also wie gesagt in einem riesigen Schlamassel. Das ist ein Problem, das wir lösen müssen. Vielleicht gelingt es CrossFit ja, dieses System ein wenig anzugreifen, vielleicht könnt ihr dem großen Goliath eine Schramme verpassen. Das wäre wirklich wünschenswert.

Foucher:
Wir werden uns bemühen! Ich wollte mich auf jeden Fall an dieser Stelle auch bei ihnen bedanken - dafür, dass sie diese Sache an die Öffentlichkeit bringen, dass sie dieses Buch geschrieben haben. Das ist für sie auch bestimmt alles nicht so leicht, immer gegen den Strom zu schwimmen. Aber, diese Informationen müssen verbreitet werden, jeder sollte wissen was Krebs eigentlich genau ist und wie wir dagegen angehen können!

CrossFit ist natürlich gerne bereit ihrer Message eine entsprechende Plattform zu geben. Wir helfen gerne dabei, ihre Botschaft so vielen Leuten wie möglich mitzuteilen.

Dr. Seyfried:
Für mich sieht es so aus, als würde CrossFit sich in eine ernstzunehmende Organisation verwandeln, die verantwortungsvoll ihren gesundheitlichen Auftrag ernst nimmt. Früher war das noch nicht so, zumindest nicht am Anfang. Da ging es ja vor allem darum, die Leute erstmal fit zu machen.

Mittlerweile bemüht ihr euch aber redlich, die brennendsten Themen anzusprechen, die im Themenfeld Gesundheit ohne Umschweife behandelt werden müssen: Unsere chronischen Krankheiten, unsere Zivilisationskrankheiten. Mit solchen Konferenzen leistet ihr wirklich einen wertvollen Beitrag, um auch mal die Gegenpositionen zu Wort kommen zu lassen. Positionen, die sich gegen den Mainstream stellen. Mit diesen Vorträgen erreicht ihr vielleicht sogar mehr Leute, als es ein Paper in einer Fachzeitschrift (sei es *Nature* oder *Cell*) schaffen könnte.

Zumindest bei der Zielgruppe, die sich wirklich für dieses Thema interessiert und die eventuell auf Dauer einen Unterschied machen kann. Wieviele Leute lesen sowas schon? Selbst unter den Ärzten, den Experten?

Foucher:
Stimmt, wir können eine Menge Leute erreichen. Wie sie vorher bereits beschrieben haben wird es so sein, dass die Lösung für dieses Problem von unten kommen muss. Von oben, von den Eliten wird nichts Sinnvolles kommen, das System ist zu mächtig und zu gefestigt. Die Patienten werden ihr Wohl in die eigene Hand nehmen müssen. Alles ziemlich aufregend, oder?

Dr. Seyfried:
Ja, das ist es! Es gibt Licht am Ende des Tunnels, auch wenn es momentan noch düster ist.

Foucher:
Auf jeden Fall. Okay, am Ende dieses Podcastes würde ich gerne noch ein paar persönliche Fragen stellen, wenn es ihnen nichts ausmacht. Ich würde zum Beispiel gerne wissen, welche drei Dinge sie regelmäßig machen, die ihrer Meinung nach einen positiven Beitrag zu ihrer Gesundheit leisten...?

Dr. Seyfried:
Nun Gut. Nummer eins wäre wohl, dass ich an mindestens 4 Tagen die Woche das Frühstück ausfalle lasse.

Foucher:
Okay, das heißt dann an den Werktagen?

Dr. Seyfried:
Ja, genau. Dann als Zweites trainiere ich 4 oder 5 mal die Woche, im Fitnessstudio. (...)
Außerdem faste ich regelmäßig. Wenn ich mal faste, dann probiere ich das so lange durchzuziehen wie's geht. Oft bis zu 18 Stunden am

Tag, dann esse ich nur abends. Das kriege ich auch ca. 4 mal die Woche hin. Es kann aber sein, dass ich zwischendurch mal sündige - aber dann mit Dingen die sehr fettreich und kohlenhydratarm sind wie Walnüsse oder Mandeln. Das reicht mir dann bis zum Abendessen.

Es ist aber nicht so, dass auf die bösen Kohlenhydrate, auf die Carbs völlig verzichte!

Foucher:
Tja, die schmecken einfach zu lecker!

Dr. Seyfried:
Die sind einfach zu lecker, das stimmt. Ich esse zum Beispiel Reis oder Kartoffeln. Ich möchte diese Dinge eigentlich noch reduzieren... aber das ist eben nicht so einfach. Meine Frau ist da strenger als ich, sie hat da mehr Willenskraft. Und ab und zu gönne ich mir ein Bier oder auch ein Glas Wein. Einen kleinen Whiskey vielleicht... ich führe beileibe kein superstrenges Regiment was mein Essen angeht, aber ich faste eben öfters und achte allgemein schon auf die Kohlenhydrate.

Foucher:
Sie genießen ihr Leben.

Dr. Seyfried:
Ja, warum auch nicht. Ich meine, selbstverständlich bemühe ich mich alles in Maßen zu halten. Sport treiben und Fasten gehört genauso dazu wie ab und an eine schmackhafte Mahlzeit mit einem schönen Getränk dabei.
Aber: Wenn ich persönlich Krebs kriegen würde, dann würde ich sofort eine sehr aggressive Ernährungsumstellung durchführen. Ich weiß ja, was dann zu tun wäre: Keto.
Es wird immer Leute geben, die ohne Rücksicht auf Verluste jeden Risikofaktor aus ihrem Leben eliminieren möchten. Solche engstirnigen Zeitgenossen würde in diesem Fall Tagein Tagaus nur Sachen essen, bei denen sie 100%ig in Ketose bleiben.
Es gibt auch Leute, die darauf bestehen, dass man ständig Sport treiben müsse. Aber so einer bin ich nicht, wofür auch? Ich bin nicht krank, ich kann mal 5 grade sein lassen... dann geh ich mal in eine Bar und trinke ein Bier! Natürlich nicht jeden Tag, das versteht sich von selbst.

Foucher:
Gefällt mir, wie sie das handhaben. Sie wägen ihre Risiken genau ab und ziehen die Vorteile, den Genuss, in ihre Betrachtung mit ein:

Was ist die aktuelle Situation, welches Handeln macht jetzt am meisten Sinn?

Ihr Ernährungs- und Bewegungsplan entspricht also nicht unbedingt dem, was jemand anders machen würde. Oder gar jemand, der Krebs hat.

Dr. Seyfried:

Haargenau. Wenn bei mir ein Tumor diagnostiziert würde, dann wäre ich ruckzuck auf einem ganz anderen Niveau was das Essen angeht. Ich esse schon Sachen mit Zucker, aber nicht allzu viel. Wenn ich aber Krebszellen abtöten wollte, dann wäre es mit den Carbs sofort aus, das ist klar. Wie gesagt, ich wüsste ja was zu tun ist.

Foucher:

Sie sind ausreichend informiert.

Dr. Seyfried:

Ja, ich weiß welche Maßnahmen dann anfallen würden.

Foucher:

Okay, super. Dann haben wir eventuell sowieso schon die zweite Frage beantwortet... die wäre: Was würde ihrer Gesundheit ihrer Meinung nach wirklich gut tun, fällt ihnen aber schwer, in ihr Leben zu integrieren? Welche Maßnahme wäre für sie die sinnvollste?

Dr. Seyfried:

Naja wie wir bereits angesprochen haben wäre es wohl am besten, auf alle Kohlenhydrate zu verzichten. Vielleicht nicht komplett alle, aber auf jeden Fall diejenigen, die aus Stärke kommen wie Reis, Nudeln, Kartoffeln und so weiter. Aber das ist eben alles andere als leicht. Wir leben in einer Welt, in der einem ständig was Verführerisches un- ter die Nase gehalten wird.

Beispielsweise wenn man mit Freunden zum Essen geht, da wird einem sofort ein Korb mit Brot serviert. Soll ich jetzt den Kellner zusammenstauchen, dass er das Brot auf den Tisch gestellt hat, weil ich kei- nes essen will? Nein, das mache ich natürlich nicht! Außerdem ist in jeder Runde immer einer dabei, der auf das Brot nicht verzichten will. Dem will ich auch nicht sein Erlebnis verderben... und vielleicht esse ich dann selbst auch ein Stückchen. Ich bin auch nur ein Mensch.

Foucher:

Wir sind nun mal immer und überall von tollem Essen umgeben. Mit viel Zucker, mit vielen Carbs. Immer Nein zu sagen ist echt schwierig.

Dr. Seyfried:

Es ist schwierig, auf jeden Fall! Man reißt sich eben so weit zusammen, wie es gerade geht. Aber dennoch habe ich das Wissen darüber, was angesagt wäre, wenn meine Gesundheit sich plötzlich verschlechtert. Wenn ich diese Infos nicht hätte, dann hätte ich keine Ahnung was ich machen müsste - vor allem bei einer Krebsdiagnose. Allgemein ist es aber auch so, dass viele Krankheiten von zu vielem Zucker und Insulin kommen, wie wir bei dieser Konferenz gehört haben.

Foucher:

Bei mir ist es immer am frustrierendsten, wenn ich Patienten empfange, die noch gar nichts über diese Thematik wissen. Die überhaupt nicht wissen, welche Ernährungsform für sie am gesündesten wäre.

Beispielsweise bei Leuten mit Diabetes, denen wird ja nicht gesagt dass der ständige Konsum von Kohlenhydraten ihre Krankheit noch weiter anfacht! Es ist also ungemein wichtig, den Menschen die Informationen zu geben, die sie für die eigene Lebensgestaltung brauchen. Informationen, mit denen sie verstehen was los ist und wie gehandelt werden muss.

Dr. Seyfried:

Da haben sie absolut Recht.

Foucher:

Letzte Frage: Was stellen sie sich unter einem "gesunden Lebensstil" vor?

Dr. Seyfried:

Naja, ich kann nicht gerade behaupten, dass ich am gesündesten lebe. Aber auch nicht am ungesündesten, klar. Ich schiebe mir nicht jeden Tag eine Pizza rein... und mit diesem Vortrag heute, was eine Pizza alles anstellt, werde ich wohl noch seltener eine essen. Aber ich liebe Pizza, wer denn nicht? Jeder isst gerne Pizza!

Aber in dem Vortrag heute wurde ja davon gesprochen, dass es bis zu 2 Wochen dauern kann, bis all die schädlichen Sachen wieder in Ordnung gebracht wurden, wie war das gleich nochmal...?

Foucher:

Auf jeden Fall wurde gesagt, dass es 2 Wochen dauert. Mit diesem Zeitraum ändert sich die Definition eines "Cheat Meals" [einer Mahlzeit, die ausnahmsweise 'böse' sein darf] - denn das sind dann eher schon "Cheat Weeks"! Da kommt man schon in's Grübeln.

Dr. Seyfried:
Es wäre wohl am besten für die Gesundheit, wenn wir einfach in unserem Leben maßhalten würden - anstatt bei vielen Dingen es einfach zu übertreiben. Aber wir Menschen sind nun mal eine Spezies, die leicht zu Suchtverhalten neigt. Der Mensch übertreibt es oft mit vielen Dinge, die ihm nicht gut tun. Das was wir tun sollten, befolgen wir meist nicht sondern geben immer noch eins oben drauf.

Foucher:
Vor allem wir Trainingssüchtigen von CrossFit! Wir haben die starke Neigung, mit allem zu übertreiben!

Dr. Seyfried:
Aber Hallo! Ja, ihr seid echt durchgeknallt, was die sportliche Seite anbelangt! Trotzdem funktioniert es bei den meisten, oder nicht?
Im Allgemeinen ist es aber so, dass man eher selten Leute trifft, die sich völlig im Griff haben, die alles nur in Maßen, moderat machen. Wobei, meine Frau ist so jemand: Sie kann zwei Gläser Wein genießen, jeden Abend. Niemals eines, niemals drei. Sie trinkt immer nur zwei.

Foucher:
Sie ist eben beständig.

Dr. Seyfried:
Ja, sie verhält sich beständig moderat. Ich hingegen habe 3 Gläser - oder gar keines!

Foucher:
Na gut der Durchschnitt ist ja dennoch der gleiche.

Dr. Seyfried:
Bei mir heißt es eben gar nichts oder volle Power, das kommt in Schüben. Nicht moderat. Aber man tut, was man kann. Sich dessen bewusst zu sein, das ist ja auch schon was.
Wir können leicht reden, uns geht es gesundheitlich ja gut. Aber eine Menge Leute da draußen, deren Leben ist miserabel. Die haben Schmerzen, die können ihr Dasein nicht ertragen, so schlimm ist es. Ein paar begehen sogar Selbstmord.
Wie wir mittlerweile wissen kommen ein Haufen Schmerzen, ein Haufen psychologische Probleme von Stoffwechselerkrankungen. Nicht nur Krebs ist eine Stoffwechselerkrankung, die uns fertig macht, auch andere Dinge gehören in diesen Bereich. Dinge, die nicht akut lebensgefährlich sind, sich aber lange schmerzhaft hinziehen.
Die Menschen müssen unbedingt darauf achten, ihren Stoffwechsel gesund zu halten, funktionierend! Dann würden bei den Betroffen

die Depressionen rasch verschwinden, keiner sollte sich wegen lapidaren Gründen umbringen!

Der Themenbereich Ernährung-psychologische Krankheiten ist schwer im Kommen, das steht fest. Diese neue Entwicklung hat aber mit PTSD nichts zu tun, diese Fälle verstehen wird. Was neu ist, ist die Verbindung Stoffwechsel und mentale Gesundheit.

Dazu gehören auch andere Faktoren, man muss zum Beispiel auch darauf achten ausreichend Schlaf zu bekommen, darf sich nicht allzu sehr stressen lassen. Ich weiß schon, ja, das Leben ist beizeiten hart. Jeder von uns hat seinen Anteil an Tragödien, die er bewältigen muss. Jemand in der Verwandtschaft stirbt, Unfälle, sowas. Die Leute verlieren auch ihren Job, lassen sich scheiden, das ist nicht gerade lustig - aber das gehört nun mal zum Leben dazu!

Leute, deren Stoffwechsel gut in Schuss ist, die können mit diesen Vorkommnissen umgehen, wir schaffen das. Aber die Menschen, bei denen der Stoffwechsel völlig aus dem Leim geraten ist, die werden von so etwas viel schlimmer mitgenommen als nötig wäre. Die können es teilweise nicht mehr handlen.

Jeder sollte unbedingt darauf achten, seinen Stoffwechsel in Balance zu halten. Das ist für ein gelungenes Leben außerordentlich wichtig.

Foucher:
Da haben sie recht.(...) Wenn man sich durch Sport und Ernährung Top in Schuss hält, wirft einen so schnell nichts aus der Bahn.

Dr. Seyfried:
Genau. Trotzdem ist das Leben nicht einfach. Stellen sie sich nur mal vor, ihr Kind wird plötzlich schwerkrank. Damit ändert sich ihr Leben schlagartig. Naja, lassen wir das mit dem Trübsal blasen lieber mal bei Seite:

Ich wollte am Schluss noch anfügen, dass es für uns nicht gerade einfach, das Geld für unsere Forschung zusammenzukriegen.

Deswegen danke ich CrossFit sehr herzlich für ihre Unterstützung.

Auch möchte ich Travis Christofferson's Stiftung recht herzlich danken, über die wir ebenfalls Zuwendungen erhalten.

Wenn also jemand von ihren Zuhörern etwas spenden möchte, um unsere Arbeit zu unterstützen, kann er es über Travis' Stiftung tun. Sie nenne sich **"The Foundation For Metabolic Cancer Therapies."**

Von der Gesundheitsbehörde bekommen wir so gut wie keine Unterstützung, leider. Die sind alle in ihre Gen-Mutationstheorie vernarrt und bleiben nach wie vor auf dem Standpunkt, es wäre am Wichtigsten, irgendwelchen Mutationen nachzujagen. Naja, da kann man nichts machen. Aber wird würden uns über jede Spende freuen! Die halten uns am Laufen!

Foucher:
Wunderbar, wir werden all diese Kontaktinformationen auf unserer Seite angeben und dort kann jeder die Adressen finden [siehe in diesem Buch weiter unten].

Dr. Seyfried:
Vielen Dank dafür.

Foucher:
Vielen Dank für dieses Gespräch Dr. Seyfried und vielen Dank für die Arbeit, die sie hier leisten.

Dr. Seyfried:
Danke Julie, es war ein angenehmes Gespräch. Ich hoffe, das wir mit unserem Gespräch die Leute erreichen und vielleicht finden sich ja ein paar Spender für unsere weitere Forschungsarbeit.

Danksagungen

Wir bedanken und bei den Autoren für ihre freundliche Genehmigung, diese Texte zu übersetzen und zu veröffentlichen:

- **Dr. Thomas Seyfried,** Boston College

  Seine Homepage: https://tomseyfried.com/

  Sein Buch auf Amazon (englisch):
  https://www.amazon.de/dp/0470584920

- **Dr. Dominic D'Agostino**

  Seine Homepage: https://www.ketonutrition.org/

- **Travis Christofferson, M.S.**

  Seine Stiftung, die Dr. Seyfrieds Krebsforschung finanziell unterstützt:

  https://foundationformetaboliccancertherapies.com/

  Seine Bücher auf Amazon:
  https://www.amazon.de/s?k=Travis+Christofferson

- **Julie Foucher, M.D.**

  Ihre Homepage: https://pursuing-health.com/

Wir bedanken uns auch bei **CrossFit dafür, dass sie bei diesen Vorträgen als Gastgeber fungiert haben und Dr. Seyfrieds Arbeit unterstützen!**

Deren Homepage: https://www.crossfit.com/

Last, but not least: Außerdem bedanken wir uns bei Herrn **Robb Wolf** für seine informative Plattform und seine herausragende Arbeit im Bereich der Low-Carb Ernährungsformen

Seine Homepage: https://robbwolf.com/

9 7 9 8 8 9 4 9 6 7 2 4 0